故宮

博物院藏文物珍品全集

故宫博物院藏文物珍品全集

明清家具（上）

主編：朱家溍

商務印書館

明清家具（上）
Furniture of the Ming and Qing Dynasties（Ⅰ）

故宮博物院藏文物珍品全集
The Complete Collection of Treasures
of the Palace Museum

主　　編	朱家溍
副 主 編	胡德生
編　　委	宋永吉　芮　謙　周京南
攝　　影	馮　輝　趙　山

出 版 人	陳萬雄
編輯顧問	吳　空
責任編輯	田　村　段國強
設　　計	張婉儀
出　　版	商務印書館（香港）有限公司 香港筲箕灣耀興道 3 號東滙廣場 8 樓 http:// www.commercialpress.com.hk
製　　版	深圳中華商務聯合印刷有限公司 深圳市龍崗區平湖鎮春湖工業區中華商務印刷大廈
印　　刷	深圳中華商務聯合印刷有限公司 深圳市龍崗區平湖鎮春湖工業區中華商務印刷大廈
版　　次	2002 年 12 月第 1 版第 1 次印刷 © 2002 商務印書館（香港）有限公司 ISBN 962 07 5356 9

故宮博物院藏文物珍品全集

總序

楊新

故宮博物院是在明、清兩代皇宮的基礎上建立起來的國家博物館，位於北京市中心，佔地72萬平方米，收藏文物近百萬件。

公元1406年，明代永樂皇帝朱棣下詔將北平升為北京，翌年即在元代舊宮的基址上，開始大規模營造新的宮殿。公元1420年宮殿落成，稱紫禁城，正式遷都北京。公元1644年，清王朝取代明帝國統治，仍建都北京，居住在紫禁城內。按古老的禮制，紫禁城內分前朝、後寢兩大部分。前朝包括太和、中和、保和三大殿，輔以文華、武英兩殿。後寢包括乾清、交泰、坤寧三宮及東、西六宮等，總稱內廷。明、清兩代，從永樂皇帝朱棣至末代皇帝溥儀，共有24位皇帝及其后妃都居住在這裏。1911年孫中山領導的"辛亥革命"，推翻了清王朝統治，結束了兩千餘年的封建帝制。1914年，北洋政府將瀋陽故宮和承德避暑山莊的部分文物移來，在紫禁城內前朝部分成立古物陳列所。1924年，溥儀被逐出內廷，紫禁城後半部分於1925年建成故宮博物院。

歷代以來，皇帝們都自稱為"天子"。"普天之下，莫非王土；率土之濱，莫非王臣"（《詩經·小雅·北山》），他們把全國的土地和人民視作自己的財產。因此在宮廷內，不但匯集了從全國各地進貢來的各種歷史文化藝術精品和奇珍異寶，而且也集中了全國最優秀的藝術家和匠師，創造新的文化藝術品。中間雖屢經改朝換代，宮廷中的收藏損失無法估計，但是，由於中國的國土遼闊，歷史悠久，人民富於創造，文物散而復聚。清代繼承明代宮廷遺產，到乾隆時期，宮廷中收藏之富，超過了以往任何時代。到清代末年，英法聯軍、八國聯軍兩度侵入北京，橫燒劫掠，文物損失散佚殆不少。溥儀居內廷時，以賞賜、送禮等名義將文物盜出宮外，手下人亦效其尤，至1923年中正殿大火，清宮文物再次遭到嚴重損失。儘管如此，清宮的收藏仍然可觀。在故宮博物院籌備建立時，由"辦理清室善後委員會"對其所藏進行了清點，事竣後整理刊印出《故宮物品點查報告》共六編28

冊，計有文物117萬餘件（套）。1947年底，古物陳列所併入故宮博物院，其文物同時亦歸故宮博物院收藏管理。

二次大戰期間，為了保護故宮文物不至遭到日本侵略者的掠奪和戰火的毀滅，故宮博物院從大量的藏品中檢選出器物、書畫、圖書、檔案共計13427箱又64包，分五批運至上海和南京，後又輾轉流散到川、黔各地。抗日戰爭勝利以後，文物復又運回南京。隨着國內政治形勢的變化，在南京的文物又有2972箱於1948年底至1949年被運往台灣，50年代南京文物大部分運返北京，尚有2211箱至今仍存放在故宮博物院於南京建造的庫房中。

中華人民共和國成立以後，故宮博物院的體制有所變化，根據當時上級的有關指令，原宮廷中收藏圖書中的一部分，被調撥到北京圖書館，而檔案文獻，則另成立了"中國第一歷史檔案館"負責收藏保管。

50至60年代，故宮博物院對北京本院的文物重新進行了清理核對，按新的觀念，把過去劃分"器物"和書畫類的才被編入文物的範疇，凡屬於清宮舊藏的，均給予"故"字編號，計有711338件，其中從過去未被登記的"物品"堆中發現1200餘件。作為國家最大博物館，故宮博物院肩負有蒐藏保護流散在社會上珍貴文物的責任。1949年以後，通過收購、調撥、交換和接受捐贈等渠道以豐富館藏。凡屬新入藏的，均給予"新"字編號，截至1994年底，計有222920件。

這近百萬件文物，蘊藏着中華民族文化藝術極其豐富的史料。其遠自原始社會、商、周、秦、漢，經魏、晉、南北朝、隋、唐，歷五代兩宋、元、明，而至於清代和近世。歷朝歷代，均有佳品，從未有間斷。其文物品類，一應俱有，有青銅、玉器、陶瓷、碑刻造像、法書名畫、印璽、漆器、琺瑯、絲織刺繡、竹木牙骨雕刻、金銀器皿、文房珍玩、鐘錶、珠翠首飾、家具以及其他歷史文物等等。每一品種，又自成歷史系列。可以説這是一座巨大的東方文化藝術寶庫，不但集中反映了中華民族數千年文化藝術的歷史發展，凝聚着中國人民巨大的精神力量，同時它也是人類文明進步不可缺少的組成元素。

開發這座寶庫，弘揚民族文化傳統，為社會提供了解和研究這一傳統的可信史料，是故宮博物院的重要任務之一。過去我院曾經通過編輯出版各種圖書、畫冊、刊物，為提供這方面資料作了不少工作，在社會上產生了廣泛的影響，對於推動各科學術的深入研究起到了良好的作用。但是，一種全面而系統地介紹故宮文物以一窺全豹的出版物，由於種種原因，尚未來得及進行。今天，隨着社會的物質生活的提高，和中外文化交流的頻繁往來，無論是中國還是西方，人們越來越多地注意到故宮。學者專家們，無論是專門研究中國的文化歷史，還是從事於東、西方文化的對比研究，也都希望從故宮的藏品中發掘資料，以探索人類文明發展的奧秘。因此，我們決定與香港商務印書館共同努力，合作出版一套全面系統地反映故宮文物收藏的大型圖冊。

要想無一遺漏將近百萬件文物全都出版，我想在近數十年內是不可能的。因此我們在考慮到社會需要的同時，不能不採取精選的辦法，百裏挑一，將那些最具典型和代表性的文物集中起來，約有一萬二千餘件，分成六十卷出版，故名《故宮博物院藏文物珍品全集》。這需要八至十年時間才能完成，可以說是一項跨世紀的工程。六十卷的體例，我們採取按文物分類的方法進行編排，但是不囿於這一方法。例如其中一些與宮廷歷史、典章制度及日常生活有直接關係的文物，則採用特定主題的編輯方法。這部分是最具有宮廷特色的文物，以往常被人們所忽視，而在學術研究深入發展的今天，卻越來越顯示出其重要歷史價值。另外，對某一類數量較多的文物，例如繪畫和陶瓷，則採用每一卷或幾卷具有相對獨立和完整的編排方法，以便於讀者的需要和選購。

如此浩大的工程，其任務是艱巨的。為此我們動員了全院的文物研究者一道工作。由院內老一輩專家和聘請院外若干著名學者為顧問作指導，使這套大型圖冊的科學性、資料性和觀賞性相結合得盡可能地完善完美。但是，由於我們的力量有限，主要任務由中、青年人承擔，其中的錯誤和不足在所難免，因此當我們剛剛開始進行這一工作時，誠懇地希望得到各方面的批評指正和建設性意見，使以後的各卷，能達到更理想之目的。

感謝香港商務印書館的忠誠合作！感謝所有支持和鼓勵我們進行這一事業的人們！

1995年8月30日於燈下

目錄

文物目錄

導言

朱家溍

藏明代家具最為豐富的，首推故宮博物院，本卷選入其中的精品，堪稱中國古典家具的代表。其中硬木家具佔絕大多數，其次是漆家具，另外，還有少量其他家具，以反映明代家具的全貌。硬木中最多的是黃花梨，這與明代家具追求簡潔、明快的總體風格是一致的，其次是花梨、紫檀，另有少量的鐵梨、烏木、雞翅木等。此外，本卷還兼收小部分清代做工而是明代風格的家具。

中國家具的發展

商周到漢魏時期，中國人的生活方式是席地而坐，以席或牀為起居中心，所用家具如几、案、屏、牀也都相對矮小。東漢時從西域傳入胡牀，約在南北朝時逐漸有了高形坐具，如敦煌的北魏壁畫中即有腰鼓形的坐具。發展到唐代已經出現凳、椅，如：唐人名畫《紈扇仕女圖》中的圓凳、腰圓凳，唐天寶十五年（756年）高元珪墓壁畫中的椅等。這個時期不僅有高形坐具，而且在敦煌第220及第103窟初、盛唐維摩變壁畫中還出現了高案，但席地而坐的生活習慣仍舊廣泛存在，唐代是兩種起居方式並存的年代。五代顧閎中的《韓熙載夜宴圖》中有椅子、繡墩、高案等家具，說明當時已經垂足高坐。到宋代，則已經完全脫離席地而坐的生活方式了。

"椅子"一詞在宋代已見諸記載。《宋史》、《東京夢華錄》、《東巡記》等書中，有金交椅、銀交椅、白檀木御椅子、檀香木椅子、竹椅子、黃羅珠蹙椅子、朱髹金飾椅子等多種椅子的名稱。椅凳儘管很發達，但當時還不是每間房屋都陳設使用。南宋前期，椅子、杌子在士大夫家可能只在廳堂中陳設，至於婦女所居內室，還是習慣坐牀，陸游《老學庵筆記》載："徐敦立言：往時士大夫家婦女坐椅子、杌子，則人皆譏笑其無法度。梳洗牀、火爐牀家家有之，今猶有高鏡台，蓋施牀則與人面適平也。"宋人王明清《揮麈三錄》記載："紹興初，梁仲謨汝嘉尹臨安，五鼓往待漏院，從官皆在焉。有據胡牀而假寐者，旁觀笑之。又一人云：近見一交椅樣甚佳，頗便於此。仲謨請之，其說云：用木為荷葉，且以一柄插於靠背之後，可以仰首……今達官者皆用，蓋始於此。"由此看來，交椅在南宋時已經製作得相當完善了。宋代是家具製作繁榮、品種豐富的時期，從眾多的宋墓出土的實用家具、家具模型以及壁畫看，許多家具的樣式、品種與明代已沒有多大區別。裝飾手法已經使用了束腰、馬蹄、蹼足、雲頭足、蓮花托等，結構部件用了夾頭榫、牙板、牙頭、羅鍋棖、霸王棖、矮老、托泥等。還出現專用家具，如棋桌、琴桌等。元代還出現了抽屜桌。中國家具發展到南宋，形式品種已經完備。宋、元、明是中國家具的成熟期，但明以前的傳世實物極少，只有明清兩代製作的家具有較多實物流傳下來。

明清家具以用材劃分，主要有漆家具、硬木家具、柴木家具和竹家具等。本書收錄其中工料精良、藝術價值較高者，佔篇幅最多的是花梨、紫檀等硬木家具，其次是漆家具。應該說明的是，在明、清兩代全國的家具製作行業中，產量最大、用戶最廣的是柴木家具和竹家具。所謂柴木，就是指硬木、細木以外各種可做家具的木材。這些家具雖然不是珍貴木材，但是舒適，古雅。竹家具還有一些特性是木材不具備的。可見它們也是深有中國傳統家具美感的。至於高級家具，在硬木出現以前，漆家具一直是主流。明代的初期和中期漆家具的生產仍很興旺，可以說仍是漆家具時代。明晚期硬木家具出現以後，漆家具的產量有所減少，但工藝手法和藝術水平有很大提高。同時，基於禮制，最莊重的地方，比如正殿中亦須用漆家具，未有用硬木家具的，明清都如此。本卷收錄了部分漆家具精品，旨在反映明清家具的全貌。至於在本書中佔篇幅最多的花梨、紫檀等硬木家具，因材質十分珍貴，因而在全行業總產量中只佔極小的比例，當然使用者也是極少數。硬木家具繼承了中國傳統家具造型和風格，但它的材質珍貴美觀，其硬度大更有利於表現某些造型和新的工藝技巧，因而造型的藝術性和結構的科學合理性更高，成為中國傳統家具的典範。

經濟發展與精美家具

明初洪武、永樂年間（1368—1424），實行"抑富佑貧"政策，使沒有土地的農民獲得土地，同時，興修水利、大規模地開墾荒地不升科徵賦等等措施，使農業產量得到提高，百姓生活安定。另一方面國家的服役制度改變，允許若干工匠集資僱傭某人長期固定服役，以代替大家輪流服役。於是出過資的工匠就可以自由勞動，製成手工業產品在市場銷售。農業與工商業互相促進，使城市經濟繁榮起來。嘉靖年間（1522—1566）又規定，全國匠戶一律准許交錢代役，比以前准許集資僱傭代替輪流應役的辦法更進一步解放了生產力，對於百工之屬起着很大的推動作用。

在城鎮經濟方面，據《明史·食貨志》載：宣德四年（1429）新設"鈔關"三十三個，以北運河沿岸為主，包括南京、揚州、淮安等。當時國家發行"大明寶鈔"犒賞兵丁，但事先並未儲備兌換的現銀，於是規定凡商品經過鈔關時必須以寶鈔納稅，因此商人就必須先以現銀兌換寶鈔，致使寶鈔的票面價值具備了符合實際的準備金。凡設鈔關的地方必須有很大的貿易額做基礎，商人才樂於使用寶鈔，說明明代早期這些地方都已是經濟繁榮的大城市。隆慶時（1567—1572）開放海禁，又出現了新的繁榮景象。據明人周起元在《東西洋考》序文中說：“我穆廟時，除販夷之律，於是五方之賈，熙熙水國……捆載珍奇，故異物不足述，而所貿金錢，歲無慮數十萬，公私並賴，其殆天子之南庫也。”後來又增設了數十個鈔關，也就意味着又有許多一般鄉鎮上升為工商業城市。據明人謝肇淛《五雜俎》載：“金陵街道寬廣，雖九軌可容。近來生齒日繁，居民日密，稍稍侵官道以為廛肆。”據清人董世寧《烏青鎮志》載浙江的“烏鎮與桐鄉之青鎮，東西相望，昇平既久，戶口日繁，十里以內，居民相接，煙火萬家，地大戶繁，百工之屬，無所不備。”

經濟的發展，使社會購買力不斷增長，供求關係使手工藝者因產品的競爭而不斷提高技術水平，促使各種手工業技藝精益求精，家具製作當然也不例外。高級家具首先由地主富商階層購買，逐漸影響到官員和王公貴冑，再上升為皇宮中的御用品。而官方的製作機構有充裕的貴重原料，又能以高工資待遇吸收最優秀的工匠，因此，可以製作出高水平的家具。這類高質量的家具與民間製作的精品相互影響，總體上提高了工藝製作水平。

漆家具技藝的高峯

明代家具在隆慶以前，海禁未開，硬木家具未流行，製作仍是宋代的繼續。明代早期家具有準確紀年的，如山東魯王朱檀墓出土的朱漆戧金雲龍紋盝頂箱、素木半桌、朱漆石面半桌、高翹頭供案等等。魯王朱檀卒於洪武二十二年（1389），出土的家具是明代早期家具代表器物，繼承了宋元家具的風格和技藝，但工藝水平在以“宋元為通法”的基礎上有很大的提高。至於傳世的明早期家具，故宮博物院藏刻有“大明宣德年製”款的黑漆嵌螺鈿龍戲珠紋香几（圖162）、剔紅孔雀牡丹紋香几（圖163）等，代表了明早期漆家具的水平。宣德以後，直至正德（1436—1521），在傳世的小件漆器中未見署有年款，更未見有款的漆家具。

明代中後期又湧現一批有年款的家具精品，故宮博物院原存除嘉靖年製剔紅或雕填的各種箱具、萬曆年製黑漆描金龍戲珠紋藥櫃（圖177）、黑漆灑螺鈿描金龍戲珠紋書格（圖186）已發表過外，本卷還首次發表填漆戧金雲龍紋立櫃（圖172）、黑漆灑螺鈿龍戲珠紋長方案（圖108）、黑漆嵌螺鈿描金平脫龍戲珠紋箱（圖192）等，均為帶年款的明代漆家具的代表作。

在紫禁城中的太廟、奉先殿等處原陳設使用的家具中，還有大量朱漆供案、香几、寶座、屏風、大櫃、戳燈等等，其中有不少可以看出是明代做工，但都無製作年款。另外，北京城內外各大寺觀、五嶽以及各大名山的廟宇中原存陳設使用的，都有不少明代家具，甚至有年代更早的，不過迄今尚未進行過準確的考察鑑定。

明代漆器產量之大，製作之精，品種之多，均超過了前代，各種漆工藝亦被廣泛應用到家具製作之中，收入本卷的即有單色漆、雕漆、描金漆、堆灰、填漆戧金、款彩、嵌螺鈿等多種，顯示出家具製作工藝的高度發展。如本卷收入較多的描金漆家具，是在素漆家具上用半透明漆調彩描畫花紋，乾後打金膠，上金粉，漆地與金色相映襯，形成富麗華貴的氣派，如萬曆款黑漆描金龍戲珠紋藥櫃、紅漆描金山水圖格（圖184）等。嵌螺鈿工藝此時也達到很高的水平，能根據紋飾要求，區分殼色，隨類賦彩，有絢麗多彩的效果。做法上分為嵌硬螺鈿和薄螺鈿。嵌硬螺鈿家具有黑漆嵌螺鈿花蝶紋架子牀（圖3）、黑漆嵌螺鈿花鳥紋羅漢牀（圖4）等；清康熙款的黑漆嵌螺鈿山水花卉紋書架（圖187）是嵌薄螺鈿家具的精品。

從文獻資料也可以看到這一時期家具的種類多，用量大，反映出家具製造業的繁盛。如明人編撰的《天水冰山錄》，載有嘉靖四十四年（1565）首輔嚴嵩之子嚴世藩獲罪被抄家的一本賬目，經統計有大理石及金漆等屏風389件，大理石、螺鈿等各樣牀657張，桌椅、櫥櫃、凳杌、几架、腳凳等共7440件。高級家具的製造更是耗資巨大，明人何士晉彙輯的《工部廠庫須知》卷九，載有萬曆十二年（1584）宮中傳造龍牀等四十張的工料費用："萬曆十二年七月二十六日，御前傳出紅殼面揭帖一本，傳造龍鳳拔步牀、一字牀、四柱帳架牀、梳背坐牀各十張，地平、腳踏等俱全。合用物料，除鷹平木一千三百根外，其召買六項，計銀三萬一千九百二十六兩，工匠銀六百七十五兩五錢。此係特旨傳造，難拘常例。然以四十張之牀，費至三萬餘金，亦已濫矣。"據此可以看出，宮中家具製作耗費之大。同時，還反映了家具製作上供求兩方面的情況：求的一方提出高的要求，供的一方在工料水平方面要使求方滿意，這是高度發展的必然結果。還有明代木工專用書《魯班經》，原來只有木結構建築做法，不包括家具，到萬曆年間（1573—1620）的增編本《魯班經匠家鏡》，則增加了製作家具的條款五十二則，並附圖式。這也說明隨着家具的需要量大增，學這門手藝的人增多，這部書正是根據社會上的需要而增編的。家具製作技藝，在這個時期已接近高峯，然而選材方面，萬曆以前還沒有花梨、紫檀等硬木家具。

硬木家具出現

明人范濂《雲間據目抄》一書載："細木傢伙如書桌、禪椅之類，予少年時曾不一見，民間止用銀杏金漆方桌。自莫廷韓與顧宋兩家公子，用細木數件，亦從吳門購之。隆萬以來，雖奴隸快甲之家皆用細器。而徽之小木匠，爭列肆於郡治中，即嫁妝雜器俱屬之矣。紈袴豪奢，又以欅木不足貴，凡牀櫥几桌皆用花梨、癭木、烏木、相思木與黃楊木，極其貴巧，動費萬錢，亦俗之一靡也。尤可怪者，如皂快偶得居止，即整一小憩，以木板裝鋪，庭蓄盆魚雜卉，內則細桌拂塵，號稱書房，竟不知皂快所讀何書也。"這條史料説明，嘉靖年間還沒有細木家具，至萬曆年間風尚為之一變，硬木家具開始出現在市場上，富有者爭相購買，發生這種變化的原因，經濟繁榮當然是其中之一，但主要的還是由於隆慶年間（1567—1572）海禁大開，花梨、紫檀等硬木得以流行。

明初，政府施行禁阻私人出洋從事海外貿易的政策。隨着國內工商業的發展，以及與鄰近國家商品交流的擴大，海禁政策已難以維持。隆慶初年，開放海禁，"准販東西三洋"。於是，中國商品大量出口，海外的貨物亦源源流入，包括後來家具業中的硬木。

硬木是明清以來對各類優質木材的統稱，常見的有紫檀、花梨、黃花梨、酸枝、鐵梨、烏木、雞翅木等，主要生長於南洋一帶。進入中國以後，這些熱帶木材很快就被蓬勃發展的家具製造業所吸收。硬木的優點，首先是紋理、色彩的自然美，如黃花梨、雞翅木等色澤美麗，紫檀、烏木則沉穩莊重，癭木還可天成山水自然之景；第二是木性穩定，加工性能好，抛光面光潔，耐久性強，可以較小的斷面製作出精密、複雜的榫卯結構。硬木這些材質上的特點，為明式家具風格的進一步發展提供了物質上的條件。

同時，明代文人追求典雅、精緻的審美趨向，影響到文化藝術及工藝品製作。明人文震亨《長物誌》中列舉了許多家具品種，沈津為《長物誌》作序，提到"几榻有度，器具有式，位置有定，貴其精而便，簡而裁，巧而自然也。"這正是對當時家具製作和文人的室內陳設風格最恰當的評價。這種審美觀成為時尚的追求，於是使用的人多了，就成為社會風尚。

傳世明代硬木家具精品，大多是明晚期的作品。其總的特點是造型簡練、渾圓，比例適度，充分顯示出木材的自然美，顯得既淳樸厚重又空靈秀麗，典雅清新，造型符合人體的曲綫。清代雍正、乾隆年間（1723—1795），出現了清代家具自有的風格，但仍有一部分家具是按照明代作風製作的。尤其是清代順治年間（1644—1661），家具的製作者仍舊是明代天啟、崇禎時期（1621—1644）的工匠，他們的作品當然不改舊規模，對於這種家具習慣上稱為"明式家具"。

明式家具是中國家具發展史上的高峯，一直以其簡潔流暢，備受推崇和讚譽，事實上，明式家具亦有華麗的，只是簡練的佔大多數，它一般沒有或少加雕刻，以綫腳裝飾為主，綫腳的作用在於美化器身，將鋒利的棱角處理得圓潤、柔和，收到渾然天成的效果。如本卷所收的黃花梨六方扶手椅（圖25）、花梨藤心大方杌（圖44）等，通體很少或沒有雕刻，而是通過構件上的綫腳依然起到很好的裝飾效果。

華麗的明式家具大多有精美的雕刻，或用小構件攢接成大面積的櫺門和圍子等。特點是雕刻雖多，但做工極精；攢接雖繁，但極富規律性，具有整體裝飾效果，給人以富貴氣象，而無繁瑣的毛病。如本卷所收黃花梨月洞式門罩架子牀（圖1），三面牀圍子及掛簷均用四簇雲紋加十字構件連接，是這種風格的明代家具的代表作。

明代家具產地主要有蘇州、北京、山西等地，其中最著名的是蘇州，稱為“蘇作”。蘇作家具以硬木為主，而尤以黃花梨居多，民間也有以當地產的櫸木製作。其特點是精於選料、配料，造型比例合度，結構科學，榫卯精密，雕刻及綫腳處理得當。製作者為節約木料，桌面、櫃門等的板心都較薄，固定板心的穿帶也多用雜木代替，為防止板心、穿帶變形，還將其糊布罩漆使之成為一體。本卷中的黃花梨噴面式方桌（圖75），其桌裏披漆灰即為蘇作的典型做法。此外，坐具的座面多為藤編軟屜，一為舒適，二為節省木材。

京作（北京）家具多出自皇家御用監，其工匠多由各地選派，有些就來自蘇州，因此，其風格與蘇作區別不大，惟用材更為講究，所有構件均為同一種木料，絕無替代者（圖180）。除生產硬木器外，還有相當數量的漆家具（圖162）。晉作（山西）主要為大漆螺鈿家具，故宮現存的明代大漆螺鈿家具多從山西得來，黑漆嵌螺鈿花蝶紋架子牀、黑漆嵌螺鈿花鳥紋羅漢牀等即為其中的代表作。

明式家具分類説明

本卷所選明代和明式家具，大致分五類，第一類為牀榻寶座；第二類為椅、凳、墩；第三類為桌、案、几；第四類為櫥、櫃、格、箱；第五類為屏風及其他家具。

第一類，牀、榻、寶座，為臥具和起居用具。明代此類家具主要有架子牀、羅漢牀、榻和牀式大椅。

1. 架子牀，是可掛帳子的牀，有四柱牀、六柱牀和拔步牀三種形式。四柱牀，即牀面四角立柱，左右及後三面安牀圍子，立柱上端四面安倒掛牙子，上有牀頂。六柱牀，即在正面牀邊多加兩根立柱，在邊柱之間各裝一塊門圍子，正中為牀門。此種為通行之式。還有在正面安裝櫺格月洞門的形式。拔步牀，是在前簷接出一層或兩層廊簷，登牀時逐級而上，每層都有立柱和門圍，每層廊上均掛帳子。拔步牀在長江中下游流行較廣，因這一

附圖一　明萬曆版《仙媛記事》插圖中的架子牀、衣架

帶冬季夜間氣溫較低，牀下常放炭盆，牀前陳設方凳、小桌以放衣物，二層廊則用於存放木炭、馬桶。以上的牀都是單純為睡眠用的。

2. 羅漢牀，沒有牀架，不能掛帳子，只在後面及左右安裝牀圍子。這種牀雖然也可以用於睡眠，但主要為日間起居用的。

3. 榻，是不安三面牀圍而又小些的牀，也是為日間起居用的（圖10）。

4. 牀式大椅，形式同於羅漢牀，明代帝后像中所畫的寶座即牀式大椅。

傳世的明代牀榻，多為漆或黃花梨製成。黃花梨牀的牀圍多採用攢欀法，這種做法主要為了充分利用零碎小材料，常見為卍字紋和仰覆山形相連幾何紋欀格，具有簡練樸素而又清新活潑的效果（圖2）；也有的牀採用三塊獨板做牀圍，牀身通體不施雕刻，充分顯示花梨木材的自然美（圖7）。漆牀本卷收三件，其中兩件為黑漆嵌螺鈿，一件為崇禎款的填漆戧金龍紋羅漢牀（圖8），三件牀風格大體一致，可幫助讀者加深對明代漆工藝牀榻的認識。

附圖二　明崇禎版《新鐫古今名劇柳枝集‧倩女離魂》插圖中的榻、綉墩

第二類，椅、凳、墩等坐具。明代的坐具主要有交椅、圈椅、四出頭官帽椅、南官帽椅、靠背椅、杌凳、坐墩。

1. 交椅，以椅腿交叉可以摺疊而得名（圖14）。宋、元、明以來最流行。官員在住宅大廳會客時，可以臨時按主客關係而陳設：如果是平行的關係，可以八字形陳設，雙方對坐；如果是上下級的關係，則上級位置設在正中，下級設傍座；如果人多則分左右兩列，從前到後，以分高低。交椅到清中期以後就不再流行了。

2. 圈椅，其名稱是從圈背上得來的（圖15）。陳設位置多在堂屋正中方桌的左右。

3. 官帽椅，簡稱扶手椅，分四出頭官帽椅和南官帽椅兩種。四出頭官帽椅的椅背搭腦和扶手的前端長出椅柱（圖27）；南官帽椅的搭腦和扶手與椅柱結合不出頭，而是與椅柱做出軟圓角，因在江南流行，故稱“南官帽椅”。在江南還流行一種低靠背椅，名為“玫瑰椅”，這種椅宜於靠窗陳設，其靠背不高過窗台；如果設在桌的周圍，其椅背不高過桌面。這種椅獨具特色，頗為人所喜用（圖38）。

4. 靠背椅，凡沒有扶手只有靠背的椅都稱為靠背椅。靠背椅分兩種，凡搭腦兩端出頭的稱為“燈掛式椅”，搭腦兩端不出頭的則稱為“一統碑式椅”。燈掛椅在室內任何地方都可以陳設，明代最為流行。

明式各類椅的共同特點是腿足、立柱多用圓材，四面空靈，具有流暢的造型。其次是曲綫靠背，而且做出100度到105度的背傾角，這是適宜人體倚靠的最佳角度。第三是四腿外撇，所謂側角收分明顯可見，給人以穩重的感覺。集舒適、科學與藝術性於一身。

5. 明式凳，分有無束腰兩種類型。無束腰的，凡四腿直接承托座面，面下用牙條或橫棖，腿足多為圓形。有束腰凳的座面下有一道縮進面沿的腰部，這類凳腿足多用方材，其造型或鼓腿彭牙內翻馬蹄，或三彎腿外翻馬蹄，也有圓形五腿、六腿的。本卷所收灑螺鈿嵌琺瑯面龍戲珠紋圓凳（圖49），就體現了明式凳的風格特點。

6. 坐墩，又稱繡墩，明代墩的造型沿襲前代遺風，傳世品多為鼓形，在上下兩端各做一道弦紋和鼓釘，形體穩重端莊（圖52）。

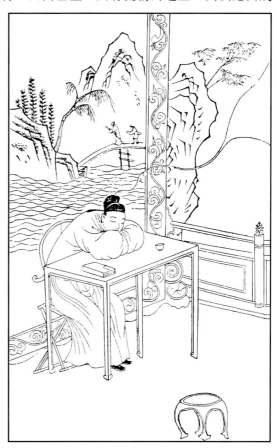

附圖三　明萬曆版《南柯夢》插圖中的桌、交椅、凳、屏

第三類，桌、案、几等承具。

1. 桌，四腿與面沿四角垂直。品種有方桌、長桌、圓桌，炕桌、炕几、香几也屬於此類。桌又可分為有束腰桌和無束腰桌兩種。有束腰桌即在桌面下有一周縮進桌面的腰部，腰下安裝牙條，有的是直牙條，有的是鼓腿彭牙或三彎腿式。腿足或直或彎全用方材，足端可

做不同形式的馬蹄。無束腰桌是腿上端做榫直接承托桌面，腿多用圓材，足端不做裝飾。有束腰桌的腿多方正平直，不做側角收分，而無束腰桌腿部多有明顯的側角收分。

此外，還有特定用途的桌，例如琴桌和棋桌。本卷收琴桌兩例：填漆戧金雲龍紋琴桌（圖106），黑漆描金番蓮紋琴桌（圖107）。兩桌尺寸相似，桌面下另加一層屜板，並與上桌面間隔一定距離，底層屜板當中鏤出兩個錢紋孔，以起共鳴箱的作用。本卷所收黑光漆三聯棋桌（圖105），桌面為三聯套面，底層桌面邊沿有掛榫，三層桌面開啟後連為一個長桌，腿隨桌面可分可合，合為四腿，分則八腿，正中面黃漆地，畫紅綠圍棋盤，向心有活蓋，蓋下有屜，內有二抽屜，存貯棋子、籌碼等物。

炕桌是陳設在炕上或牀上的小桌（圖149），炕案是陳設在炕上或牀上的小案（圖153）。另有一種宴桌，與炕桌結構一樣，大小也基本相同，只是略高，是大宴時席地而坐時所用（圖155）。

2. 案，指四腿從兩側縮進案面者。依其案面比例有長方案和條案之分，案面兩端又有翹頭和平頭之別。案的前後腿間多安裝檔板或圈口，下端有橫棖，如不用橫棖，則足下安裝托泥（圖130）。還有介於案與桌之間的，腿亦縮進案面，但腿間無檔板或圈口，足下也無托泥，只在兩腿間安一道或兩道橫棖。這種器物凡是大型的常被稱為案，小型的則稱為桌，有酒桌、油桌之稱，是明代各階層用途最廣的家具，實質仍屬案形結構（圖110）。還有一種稱作架几案，案面和架几不相連，案面擺在架几上，成對使用，都是在大廳左右兩側靠牆陳設，在明末清初開始流行。

附圖四　明萬曆版《琵琶記》插圖中的香几

3. 几，有香几、炕几等品種。在席地而坐的時期已經有几，是供人坐臥時倚靠所用。炕几仍然保留這個用途，但主要是用來擺設器物（圖159）。高足香几的出現，則因為明代在書齋或臥室內普遍有焚香的習慣（圖163）。香几除方形或圓形之外，也有其他形式的。

第四類，櫥、櫃、櫃格、書格、箱等存貯具。

1. 櫥，抽屜桌下面又有一屜悶倉的稱為櫥，一屜稱為悶戶櫥，二屜稱聯二櫥，三屜稱聯三櫥，四屜稱聯四櫥。櫃櫥是在櫥的下面加櫃門（圖171）。這些家具作桌形或案形結構，共同特點是保持桌、案的高度。案形結構的腿外側與板面拐角處裝托角牙子，四腿帶側腳收分，具穩定感。

2. 櫃，分圓角櫃和方角櫃。明代圓角櫃是因櫃的四框圓材而得名，且側角收分明顯，兩扇櫃門用兩塊整板，不加雕飾，突出木材自然美。方角櫃都用方材，四框方正平直，形體大小不一，最大者達四米有餘，以頂豎櫃最為流行。這種櫃都是成對的，二櫃二頂箱，所以又稱四件櫃（圖174）。

3. 架格，普通的形式為四根立柱，承托數層屜板，也有分格巧妙做工精緻的。明代架格多為四面空靈，也有的在後面和左右安裝欄格，效果也很好（圖185）。

4. 櫃格，是將櫃和格結合的造型，上部為格，用以陳設文玩器物，中間有二或三個抽屜，下部為櫃，可以貯存物品（圖179）。

5. 箱，自古即為家居必備的存貯用具，有長方或正方形。明代和以前的箱多作盝頂式，有圓形盝頂和方形盝頂之別。本卷所收皇史宬存貯實錄的明初所造洪武實錄金櫃（圖189）和“大明萬曆年製”款的黑漆嵌螺鈿描金平脫龍戲珠紋箱（圖192），都是明代很典型的存貯用具。

第五類，屏風及其他家具。

本卷所收屏風，主要是插屏與圍屏。

1. 插屏，獨扇，屏扇與屏座可裝可拆。在兩個木墩上安立柱，用披水牙和橫棖將兩個木墩連接起來，中間鑲安腮板，兩立柱內起槽，將屏框插入槽內，屏心當中或鑲嵌，或雕刻，或彩繪，或刺繡，可以安裝各種作

附圖五　明萬曆版《古雜劇》插圖中的屏、扶手椅、琴桌

品。明式插屏多在屏座和屏框內鑲安透雕花板，而且兩面作，座間披水牙作壺門形。本卷收有一件黃花梨仕女觀寶圖屏風（圖198），這類風格的插屏常見於明代繪畫。凡三扇至九扇的屏風，都是中間一扇最高最寬，兩側遞減，下有八字形須彌座，上安屏帽。這種屏風陳設在室內正面居中位置。

2. 圍屏，與插屏不同，圍屏既不用底座，也不安屏帽；多少隨意，都是雙數；最多可達數十扇，無論數量多少，高寬度一律相同，每扇下部有矮足，只須打開一定的角度便可直立。屏框用銅鈎連接，可拆可合。常用於臨時陳設，也可用作室內的隔斷。本卷所收黑漆款彩百鳥朝鳳圖八扇圍屏就是典型的實例（圖199）。

明代以前的屏多兼具實用和觀賞功能，至明代開始出現純觀賞性的小屏，成為案頭清供。如本卷所收黑漆百寶嵌小插屏（圖196）、黑漆嵌螺鈿竹梅紋插屏（圖200）等，體形雖小，仍顯示明代屏風的面貌。

3. 其他家具，鏡台（圖202）和衣架（圖203）都是臥房必備的家具。樹圍則為庭院中保護花木所用，可能在明代時也不是常見之物，傳世僅此一件（圖204）。

（"明式家具分類說明"由胡德生執筆，朱家溍審定。）

附圖六　明萬曆版《西廂記》插圖中的樹圍

牀榻寶座

*Beds,
Couches and
Thrones*

1

黄花梨月洞式門罩架子牀
明
高227厘米　長247.5厘米　寬187.8厘米

Huanghuali[1] wood four-poster bed, with a
circular entrance
Ming Dynasty
Height: 227cm　Length: 247.5cm
Width: 187.8cm

月洞式門罩由上半、下左、下右三扇
拼成，連同牀上三面的矮圍子及掛簷
均用四簇雲紋加十字構件連接。牀面
下高束腰，分段嵌裝縧環板，雕花鳥
紋。壺門式牙，雕雲龍紋。掛簷牙條
雕雲鶴紋。三彎腿，內翻雲紋馬蹄。

四簇雲紋又稱"四合如意"，以此連
綴，既含吉祥之意，又可充分利用短
小材料，但費工費時，技術要求高。
此牀得自山西，但為典型的蘇州地區
製品，牀左後角一根立柱用欅木配製
可為佐證。

3

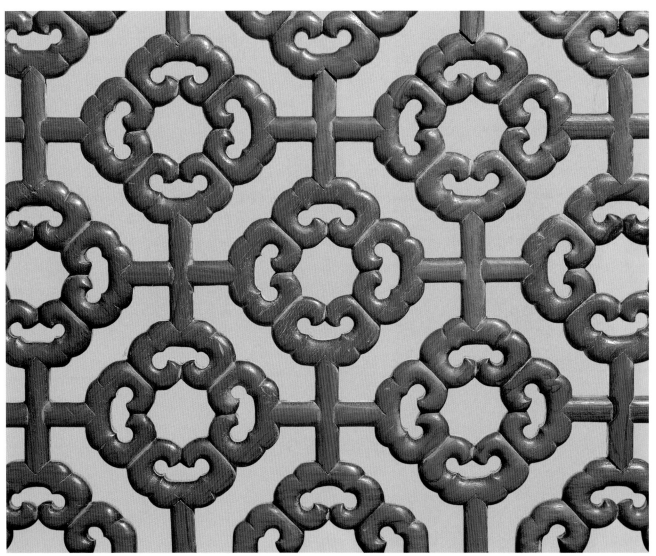

2

黃花梨卍字紋圍架子牀
明
高231厘米　長218.5厘米　寬147.5厘米

Huanghuali[1] wood four-poster bed, with
swastika pattern on the surrounding
railings
Ming Dynasty
Height: 231cm　Length: 218.5cm
Width: 147.5cm

牀面上四角立柱，上安頂架，正面另
加兩根門柱，有門圍子與角柱連接，
又名六柱牀。牀圍子用短材攢接成整
齊的卍字紋。牀鋪頂四周掛簷由鏤空
的縧環板組成。牀架立柱、橫棖、卍
字紋牀圍內外兩面做出凹陷的圓弧
面，稱"打窪"。席心牀面。束腰下飾
壺門曲邊牙條，與腿足內角綫交圈。
三彎腿，內翻雲紋馬蹄。

3

黑漆嵌螺鈿花蝶紋架子牀
明
高212厘米　長207厘米　寬112厘米

Black lacquered, four-poster wooden bed,
decorated with inlaid mother-of-pearl
flower and butterfly patterns
Ming Dynasty
Height: 212cm　Length: 207cm
Width: 112cm

牀四面平式，四角立矩形柱，後沿兩
柱間鑲大塊背板。牀架四面掛牙，以
勾掛榫連接，上面壓頂蓋。腿足短矬
粗壯。扁馬蹄，外包銅套。通體黑漆
地嵌硬螺鈿花蝶紋，背板正中飾牡
丹、梅花、桃花、桂花樹等四季花卉
以及蝴蝶、蜻蜓、洞石，團花紋邊
飾。兩側矮圍兩面飾花蝶紋。

此牀為山西製作。與前兩架子牀相
比，結構上更多穩重之感。通體採用
大漆螺鈿工藝，顯示出雍容華貴、富
麗堂皇的氣派。

4

黑漆嵌螺鈿花鳥紋羅漢牀
明
高84.5厘米　長182厘米　寬79.5厘米

Black lacquered Arhat[2] wooden bed,
decorated with inlaid mother-of-pearl
flower and bird patterns
Ming Dynasty
Height: 84.5cm　　Length: 182cm
Width: 79.5cm

牀身四面齊平，三面整板圍子。牙條甚寬，與腿足形成壺門曲綫。馬蹄矮扁。圍子嵌硬螺鈿牡丹、蓮花、桂花樹以及錦雞、喜鵲等花鳥紋。牙條及腿足嵌螺鈿折枝牡丹。

明清以來將裝有三面矮圍子的牀稱"羅漢牀"，也稱榻，常用於廳堂待客。此牀與黑漆嵌螺鈿花蝶紋架子牀同為一堂，亦產自山西。

5

黃花梨羅漢牀
明
高89.5厘米　長198.5厘米　寬93厘米

Huanghuali[1] wood Arhat[2] bed
Ming Dynasty
Height: 89.5cm　　Length: 198.5cm
Width: 93cm

牀圍子由十字連方紋攢接。帶束腰，
三彎腿內翻馬蹄，足雕雲頭紋。牀面
木板貼台灣席，係因原藤編軟屜破損
而改製。

此牀正中圍子上層卡子花分佈不夠自
然，盡端兩塊沒有貼着邊框，故疑此

條裝飾為後加。後背圍子高於兩側為
羅漢牀常式，而三者同高則是架子牀
的通法，因此，此牀可能是由架子牀
改製而成。

6

黃花梨捲草紋藤心羅漢牀
明
高88厘米　長218厘米　寬100厘米

**Huanghuali[1] wood Arhat[2] bed, decorated
with scrolled grass patterns**
Ming Dynasty
Height: 88cm　Length: 218cm
Width: 100cm

三屏式牀圍，每面均裝壺門圈口。藤
心牀面。壺門牙上雕捲草紋。三彎
腿，渦紋足。腿足上亦雕捲草紋。

此牀造型簡練、舒展，尤其是壺門圈
口圍子，具有空靈韻味，為明式風格
的典型作品。

7

黃花梨朵雲紋羅漢牀
明
高79厘米　長218.5厘米　寬114厘米

Huanghuali[1] wood Arhat[2] bed, decorated
with embossed cloud patterns
Ming Dynasty
Height: 79cm　Length: 218.5cm
Width: 114cm

牀圍子為三塊整板，有柔和的委角。　此牀多用整材，少加雕飾，以突出黃
壼門牙正中透雕朵雲紋。腿內側兜轉　花梨木優美的紋理。
大挖馬蹄，牙腿沿邊起燈草綫。

8

填漆戧金龍紋羅漢牀
明崇禎
高85厘米　長183.5厘米　寬89.5厘米
清宮舊藏

Arhat[2] wooden bed, decorated with
dragon patterns made of inlaid gold and
colored lacquer
Chongzhen Period, Ming Dynasty
Height: 85cm　Length: 183.5cm
Width: 89.5cm
Qing Court collection

整板牀圍，四腿粗壯，扁馬蹄。牙條雕填戧金雙龍戲珠紋，間填彩朵雲紋。牀圍雕填戧金海水江崖紋，中間為一正面龍，雙爪高舉聚寶盆；兩側行龍各一，間佈彩雲及雜寶。背板後面雕填戧金梔子花、梅花及喜鵲，正中上沿刀刻戧金"大明崇禎辛未年製"楷書款。

明代晚期漆家具帶款者極為少見，此牀對晚明漆家具鑒定有重要參考價值。

花梨嵌玉石欄杆羅漢牀
清早期
高88厘米　長210厘米　寬105厘米

Rosewood Arhat[2] bed with railings inlaid
with jade
Early Qing Dynasty
Height: 88cm　Length: 210cm
Width: 105cm

硬板牀面，三面牀圍攢框鑲成，框心
兩面打窪綫條，上部鑲圓環卡子花和
大理石，下部鑲玉製豎橦，正中鑲方
形大理石。鼓腿彭牙，大挖馬蹄兜轉
有力。

此牀整體造型為明式風格。惟前端大
牙條上雕拐子紋，意趣較晚，應為清
代早期製品。

10

黃花梨六足摺疊式榻
明
高49厘米 長208厘米 寬155厘米

Huanghuali[1] wood six-legged folding couch
Ming Dynasty
Height: 49cm　Length: 208cm
Width: 155cm

榻面無圍，大邊做成兩截，以合頁連接，可摺疊。中間兩腿為花瓶形馬蹄，上端為插肩榫，展開時與牙子拍合。四角為三彎腿內翻馬蹄，摺疊後可放倒在牙條內。牙條雕折枝花鳥、雙鹿紋；腿足雕花瓶、洞石花草紋。

此榻設計巧妙，便於搬運和存放，紋飾具有典型的明式風格。

11

紫檀荷花紋寶座
明
高109厘米　長98厘米　寬78厘米
清宮舊藏

**Red sandalwood throne, decorated with
lotus flower carvings**
Ming Dynasty
Height: 109cm　Length: 98cm
Width: 78cm
Qing Court collection

七屏式圍子，搭腦稍高，兩側遞減。座面方中帶圓。打窪束腰，鼓腿彭牙，內翻馬蹄，足下帶托泥。除座面、束腰外，通體雕刻蓮荷紋。座前另配紫檀腳踏一隻，風格與寶座相同。

寶座通常設在皇帝使用建築的正殿明間，周圍輔以屏風、宮扇等物，顯示皇權的至高無上。此寶座用料上乘，雕刻技藝極其精湛，紋飾與造型結合完美。寶座一般沒有重件，似此料精器美者更是絕無僅有。

剔紅夔龍捧壽紋寶座
明
高102厘米　長101.5厘米　寬67.5厘米
清宮舊藏

Carved, red lacquered throne, decorated with a carving of two Kui-dragons supporting the Chinese character "Shou" (longevity)
Ming Dynasty
Height: 102cm　Length: 101.5cm
Width: 67.5cm
Qing Court collection

寶座帶托腮，直牙條，鼓腿彭牙，內翻珠式足，下承托泥。搭腦飾捲曲紋，靠背透雕夔龍捧壽紋，兩側扶手透雕夔紋，座面邊框雕迴紋，束腰雕連續卍字紋。寶座靠背、扶手、座面、腿牙均剔紅纏枝牡丹紋。

此寶座剔紅纏枝牡丹紋，枝葉滿佈，密不露地，為明末清初風格。

天然木流雲槎
明正德
高 86.5 厘米　長 257 厘米　寬 320 厘米

Wooden artifact hewn from tree roots,
featuring carvings of the Chinese
characters "Liu Yun" (drifting clouds)
Zhengde Period, Ming Dynasty
Height: 86.5cm　Length: 257cm
Width: 320cm

槎為天然梓木根修整而成，體呈榻
形，下承六塊楠木透雕流雲座。槎上
有明代趙宧光題篆書"流雲"二字，以
及董其昌、陳繼儒，清代阮元、半園
主人、現代王衡永題記。

流雲槎明代正德時揚州新城康對山故
物。清初，江鶴亭以千金購得。乾隆
南巡曾兩次至揚州觀賞此槎。後歷經
阮元、麟慶（半園主人）收藏。1958
年，麟慶後人王衡永先生捐贈給故宮
博物院。

此類樹根藝術品世間稀少，且保存完
整，流傳有序，為難得的珍品。

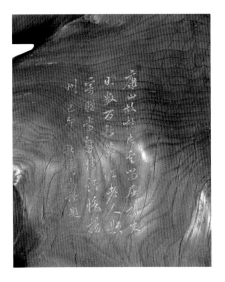

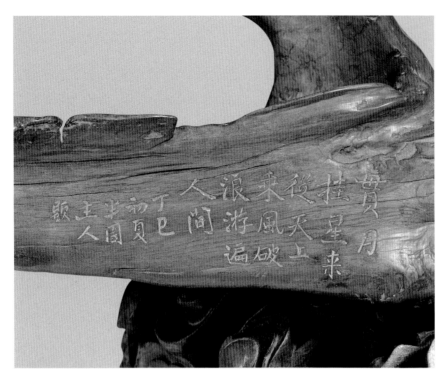

道光廿二年
節性老人贈
見亭丰大人

賞月
挂星來
來天上
浪風破
游遍間
人丁巳夏
人間碩上步

搜土骨剔松枝九蓋
九地藏將劍將瓶盫石
鄉端星化木若吉祥
眉火煮竹石

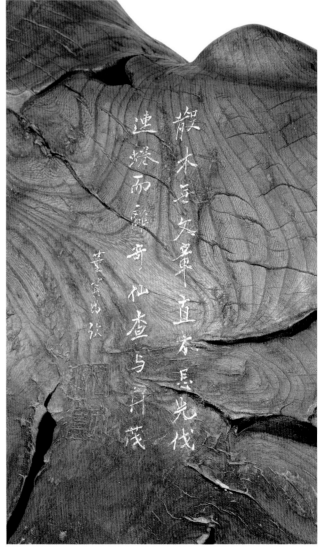

殼木無文章直本無光伐
連燈而難奇仙查与舟茂
葉心出次

椅凳墩

Chairs
and Stools

14

黃花梨如意雲頭紋交椅
明
高104厘米　長69.5厘米　寬47.5厘米
清宮舊藏

Huanghuali[1] wood folding chair, decorated
with ruyi[3] and cloud patterns
Ming Dynasty
Height: 104cm　Length: 69.5cm
Width: 47.5cm
Qing Court collection

椅背板微曲，雕如意雲頭紋。後腿彎轉處，用雙螭紋角牙填塞支撐。座面軟屜以絲繩編成。下有踏牀。各構件交接處及踏牀面均用鐵飾件加固。

交椅因兩腿交叉可以摺疊而得名，南宋時製作已成熟，明代十分流行。此椅為明代交椅典型樣式。

15

黄花梨螭紋圈椅
明
高103厘米　長63厘米　寬45厘米

Huanghuali[1] wood, round-backed
armchair, decorated with a carving of
two hornless dragons
Ming Dynasty
Height: 103cm　Length: 63cm
Width: 45cm

弧形椅圈，自搭腦伸向兩側，通過後邊柱又順勢而下，形成扶手。背板稍向後彎曲，形成背傾角，頗具舒適感，滿雕雙螭紋。四角立柱與腿一木連做，"S"形聯幫棍。席心座面。座面下裝壺門券口，雕捲草紋。腿間管腳棖自前向後逐漸升高，稱"步步高

棖"，寓意步步高升。四腿外撇，稱側腳收分，意在增加器物的穩定感。

圈椅為明代常見椅式，由交椅演變而來，上半部還留有交椅的形式。

16

黃花梨如意雲頭紋圈椅
明
高100.5厘米　長61.5厘米　寬49厘米

**Huanghuali[1] wood, round-backed
armchair, decorated with ruyi[3] and cloud
patterns**
Ming Dynasty
Height: 100.5cm　Length: 61.5cm
Width: 49cm

靠背板根據人體脊背的自然曲綫設計成"S"形，方便倚靠。背板上部雕如意雲頭紋，下部透雕壺門亮腳。四腿座面上立柱與椅圈相接部分，嵌曲邊牙條。壺門由三面雕花牙條做券口。

管腿棖下牙條做成壺門形。圓腿直足。

圈椅屬等級較高的坐具。此椅牙條裝飾頗為講究。

17

黃花梨麒麟紋圈椅
明
高103厘米　長59.5厘米　寬49厘米

Huanghuali[1] wood, round-backed
armchair, decorated with a circular
carving of a unicorn
Ming Dynasty
Height: 103cm　Length: 59.5cm
Width: 49cm

靠背板有圓形透雕麒麟紋，背板與椅
圈連接部及扶手頭部飾小牙條。聯幫
棍為鐮刀把式。座面為木板貼草席。

座面下三面安券口牙，牙上雕捲草
紋。

18

黃花梨如意捲草紋圈椅
明
高105.5厘米　長56厘米　寬46.5厘米

Huanghuali[1] wood, round-backed
armchair, decorated with ruyi[3] and
scrolled grass patterns
Ming Dynasty
Height: 105.5cm　Length: 56cm
Width: 46.5cm

背板上部與椅圈連接處兩側飾牙條，正中雕如意捲草紋。扶手兩端向外翻卷，與鵝脖交角處有雲紋托牙。藤心座面，落堂做。座面下為壺門式券口，腿間安步步高趕棖。

19

紫檀藤心矮圈椅
明
高58厘米　長59厘米　寬37厘米
清宮舊藏

Red sandalwood, round-backed chair with rattan seat cover
Ming Dynasty
Height: 58cm　Length: 59cm
Width: 37cm
Qing Court collection

曲綫形靠背板，扶手外拐，鐮刀把式聯幫棍。藤心座面。座面下三面飾壺門券口，邊緣起陽綫。腿足矮於靠背，圓腿直足，微帶側角。

這種矮圈椅有兩種功用，一為富貴人家兒童使用；一為放在轎中使用，又稱"轎椅"。

20

花梨花卉紋藤心圈椅
明
高112厘米　長60.5厘米　寬46厘米
清宮舊藏

Rosewood round-backed armchair, with
rattan seat cover decorated with a floral
pattern
Ming Dynasty
Height: 112cm　Length: 60.5cm
Width: 46cm
Qing Court collection

靠背板攢框鑲心，上部如意開光內雕
麒麟紋，中部雕花卉紋，下部為如意
紋壺門亮腳。背板及椅柱兩側飾曲邊
牙條。座面上鑲透雕花卉紋圍欄。高
束腰鑲螭紋縧環板。壺門式牙與腿交

圈。三彎腿，龍爪式足，足下帶托
泥，飾壺門式牙條。

此椅裝飾複雜，雕刻繁縟，為明式家
具中少有的華麗型風格。

21

黃花梨捲書式圈椅
明
高101厘米　長73厘米　寬59厘米
清宮舊藏

Huanghuali[1] wood, round-backed
armchair with a scroll shaped backrest
Ming Dynasty
Height: 101cm　Length: 73cm
Width: 59cm
Qing Court collection

後背板高出椅圈，搭腦成捲書式。四腿帶側腳收分，腿上部安羅鍋棖，以雙環卡子花與座面相連，下部步步高趕棖。正面踏腳下裝牙條。

此椅造型富於變化，凸起的背板十分獨特，屬圈椅中的創新之作。

22

花梨夔龍紋肩輿
明
高107.5厘米　長64厘米　寬58厘米
清宮舊藏

Rosewood sedan chair, decorated with Kui[4]-dragon carvings
Ming Dynasty
Height: 107.5cm　Length: 64cm
Width: 58cm
Qing Court collection

靠背板、鵝脖及聯幫棍上均掛有夔龍紋牙條。靠背板下有亮腳，三面嵌裝四段帶有炮仗洞開孔的縧環板。高束腰為抬杆夾持處。足端踩在長方形高束腰台座上，台面裝藤屜，束腰上嵌裝縧環板。座面、束腰及台座的四邊均鑲有銅鍍金包角。

肩輿為富貴人家出行時乘坐用具，前後各一人肩扛抬杆，主人端坐其上。

紫檀捲草紋圈椅
清早期
高99厘米　長63厘米　寬50厘米
清宮舊藏

**Red sandalwood, round-backed armchair,
decorated with carvings of scrolled grass**
Early Qing Dynasty
Height: 99cm　Length: 63cm
Width: 50cm
Qing Court collection

椅圈三接，銜接自然，綫條流暢。靠
背板攢框做成，上部開光透雕捲草
紋，中部鑲癭木，下部雕雲紋亮腳。
靠背板和椅圈、座面相交處，飾鏤空
角牙，扶手出頭和四足馬蹄上透雕捲
草紋。鼓腿彭牙，足下踩托泥。

此椅為清代早期製品，整體造型仍承
襲明式，但雕刻裝飾已具清代風格。

24

紫檀壽字八寶紋圈椅
清早期
高91厘米　長62.5厘米　寬69厘米
清宮舊藏

Red sandalwood, round-backed armchair, decorated with carvings of the Chinese character "Shou" (longevity) and the "Eight Treasures" (Buddhist sacred emblems)
Early Qing Dynasty
Height: 91cm　Length: 62.5cm
Width: 69cm
Qing Court collection

背板滿雕海水江崖、八寶紋為地，中央雕草書"壽"字。圓柱形四腿上穿座面與椅圈交，間有聯幫棍。四腿做成外圓內方式。上棖為羅鍋式加雕龍卡子花，下棖寬大以便穩固。

此椅為明式風格，從背板雕刻圖案看，應是萬壽慶典用物。

25

黃花梨六方扶手椅
明
高83厘米　長78厘米　寬55厘米
清宮舊藏

Huanghuali[1] wood, hexagonal armchair
Ming Dynasty
Height: 83cm　Length: 78cm
Width: 55cm
Qing Court collection

椅面六方形，六足，是南官帽椅的變
體。靠背板三段攢框打槽裝板，上段
透雕如意雲頭紋，下段為雲紋亮腳。
搭腦、扶手、腿足上截和聯幫棍為瓜
稜式綫腳。座面邊抹用雙混面壓邊
綫。管腳棖用劈料做，腿足外面起瓜
稜綫。

此椅為四件一堂。由於其六方、扶手
外撇，顯得端莊大氣，通常於正廳兩
廂對稱陳設。

26

黃花梨四出頭官帽椅
明
高120厘米　長59.5厘米　寬47.5厘米

Huanghuali[1] wood, yoke-backed armchair
Ming Dynasty
Height: 120cm　Length: 59.5cm
Width: 47.5cm

搭腦中間凸起，兩端彎曲上翹。扶手　　此椅與前椅結構、風格頗多相似，但
與座面間安聯幫棍，鵝脖與扶手相交　　細節處理有異，用料不同。
處有雲紋角牙扶持。座面下裝羅鍋
棖，上安矮老。腿間施步步高管腳
棖。

花梨四出頭官帽椅

明
高107.5厘米　長57厘米　寬43.5厘米
清宮舊藏

Rosewood yoke-backed armchair
Ming Dynasty
Height: 107.5cm　Length: 57cm
Width: 43.5cm
Qing Court collection

搭腦兩端微翹，靠背板略微向後彎曲。扶手與鵝脖均為彎材，相交處飾有角牙。座面藤屜。座面下飾直牙條。腿間管腳棖為前後低兩側高，與步步高棖同為明代常見樣式，迎面棖下有牙條。四腿帶側角。

此類椅因外形輪廓酷似古代官員帽子，故名。搭腦與扶手出頭，稱"四出頭官帽椅"，因多在北方流行，又稱"北官帽椅"。此椅通體光素，以做工精細、綫條簡潔取勝，為明式官帽椅典型風格。

28

黃花梨凸形亮腳扶手椅
明
高105厘米　長65厘米　寬49.5厘米

Huanghuali[1] wood armchair
Ming Dynasty
Height: 105cm　Length: 65cm
Width: 49.5cm

靠背方直，搭腦凸起。搭腦兩側和扶手前部飾花角牙，背板下部有"凸"形亮腳。座面下施方形券口牙。方腿直足，步步高管腳棖。

此椅通體用方材，各處綫條亦見稜角，造型質樸。

29

黃花梨螭紋扶手椅
明
高97.5厘米　長60厘米　寬46厘米

Huanghuali[1] wood armchair, decorated
with hornless dragon carvings
Ming Dynasty
Height: 97.5cm　Length: 60cm
Width: 46cm

搭腦成弧形向後彎曲，與邊框軟角相
交。背板弧形，下端落在欄杆上，上
部雕鏟地花瓣式開光，內雕螭紋。座

面上三面裝圍欄。座面下裝壼門牙
子，但正面牙子已失。腿間步步高管
腳棖。通體綫條瘦勁而不失柔和。

30

黃花梨方背椅
明
高92.5厘米　長61.5厘米　寬47厘米

Huanghuali[1] wood, square-backed chair
Ming Dynasty
Height: 92.5cm　Length: 61.5cm
Width: 47cm

靠背板、扶手、鵝脖、聯幫棍均成曲形，特別是聯幫棍上細下粗，成誇張的 "S" 形，使全器增添活潑之態。座面下裝羅鍋根加矮老，與腿間雙根形成呼應。

31

黃花梨扶手椅

明

高106厘米　長55.5厘米　寬46厘米

Huanghuali[1] wood armchair

Ming Dynasty

Height: 106cm　Length: 55.5cm

Width: 46cm

後腿與靠背立柱一木連做，座面上部微向後彎曲。弧綫形搭腦，背板略呈"S"形。扶手、鵝脖曲綫形，中間聯幫棍稍細，上部外傾。座面下安壼門式券口。圓腿直足，四腿帶側腳收分，腿間安管腳根。

此椅式多在南方流行，俗稱"南官帽椅"。其扶手處與後柱上部均為煙袋鍋式榫卯結構，具有明式扶手椅的典型特點。

黑漆扶手椅
明
高98厘米　長58厘米　寬50厘米
清宮舊藏

Black lacquered wooden armchair
Ming Dynasty
Height: 98cm　Length: 58cm
Width: 50cm
Qing Court collection

搭腦、扶手、聯幫棍用弧形圓材，靠背板微曲。座面鑲板落堂做。通體髹黑漆，屬素漆家具，是明代製作和使用最為廣泛的家具品種。

據此椅原登記檔案，為上書房之物。上書房位於乾清門內左側，清代雍正時設，為皇子及近支王公讀書處。

33

黃花梨壽字紋扶手椅
明
高109厘米　長60厘米　寬46.5厘米

Huanghuali[1] wood armchair, decorated
with a carving of the Chinese character
"Shou" (longevity)
Ming Dynasty
Height: 109cm　Length: 60cm
Width: 46.5cm

靠背板上下透雕如意雲頭紋、金剛杵
紋，中間雕"壽"字。扶手與座面有矮
老連接。座面鑲板落堂做。座面下裝
券口牙，雕捲草紋，邊緣起陽綫。圓
腿直足，腿間步步高趕棖。

34

紫檀雲紋藤心扶手椅
清早期
高91厘米　長54.5厘米　寬43.5厘米
清宮舊藏

**Red sandalwood chair with rattan seat,
decorated with ornamental carving of
clouds**
Early Qing Dynasty
Height: 91cm　Length: 54.5cm
Width: 43.5cm
Qing Court collection

柵欄式背板，雕兩組雲紋，下有雲紋
亮腳。背板過肩凸起，形成搭腦。靠
背兩肩向前兜轉，至扶手處下轉成迴
紋。席心座面。魚肚形牙板，兩端有
鏤空拐子紋托角牙。四腿內收，外翻
馬蹄。

此椅整體雖為明式風格，但細部裝飾
已露清式端倪。

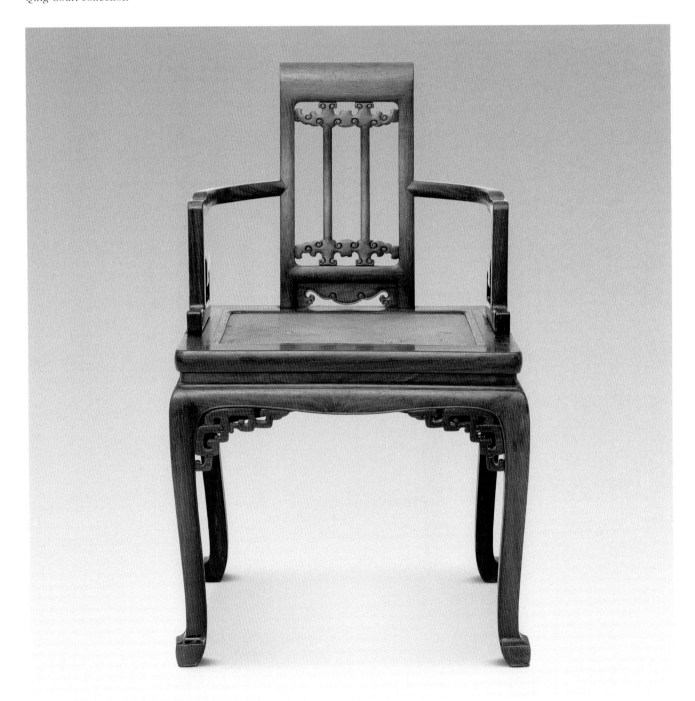

35

花梨藤心扶手椅
清早期
高93厘米　長57.5厘米　寬44.5厘米
清宮舊藏

Rosewood armchair with rattan seat
Early Qing Dynasty
Height: 93cm　Length: 57.5cm
Width: 44.5cm
Qing Court collection

搭腦中間高兩端低，靠背板與立柱微向後彎，與明代椅已有不同。兩側扶手搭手處做成彎曲下捲的雲頭狀，裝飾意味更為濃郁。四腿圓柱形，粗於椅背和扶手。腿上端安羅鍋棖加矮老，下端安步步高趕棖。

36

烏木七屏捲書式扶手椅
清早期
高82.5厘米　長52厘米　寬41厘米

Ebony armchair with back and armrests in the form of a seven-leaf screen
Early Qing Dynasty
Height: 82.5cm　Length: 52cm
Width: 41cm

通體用圓材。靠背、扶手仿窗欞燈籠錦式，共七屏，中間最高，兩面漸低，捲書式搭腦高出椅背。座面下安羅鍋棖加矮老，足端安四面平管腳棖，正面橫棖下加羅鍋棖，兩側及後面安雲形角牙。

此椅造型圓潤、空靈，保持明式風格。然其座圍採用攢框和活榫拼接，使後背垂直，則為由明向清過渡轉化的特徵。

黃花梨捲草紋玫瑰椅
明
高83.5厘米　長58厘米　寬46厘米

Huanghuali[1] wood, low-backed armchair,
decorated with scrolled grass carvings
Ming Dynasty
Height: 83.5cm　Length: 58cm
Width: 46cm

靠背與扶手空當內裝壺門券口牙，雕捲草紋、如意頭，邊緣起陽綫。座面上裝帶矮老圍欄。腿間上部安羅鍋棖，上端直抵座面，下部步步高趕棖，正面及左右加羅鍋棖。

"玫瑰椅"為扶手椅中最輕便的一種，北方稱"玫瑰椅"，江南稱"文椅"。靠背不高出窗台，便於靠窗陳設。其外形基本固定，但靠背、扶手及座面下的構件裝飾則花樣繁多。

黃花梨六螭捧壽紋玫瑰椅
明
高88厘米　長61厘米　寬46厘米

Huanghuali[1] wood, low-backed armchair,
decorated with a carving of six hornless
dragons supporting the Chinese character
"Shou" (longevity)
Ming Dynasty
Height: 88cm　Length: 61cm
Width: 46cm

靠背鑲板透雕六螭捧壽紋，下以圓形
螭紋卡子花支墊。扶手橫梁下裝壺門
牙，浮雕螭紋。藤心座面，下裝券口
牙子，浮雕螭紋及迴紋。圓腿直足，
足間步步高趕棖。

39

黃花梨雙螭紋玫瑰椅
明
高80.5厘米 長58厘米 寬46厘米
清宮舊藏

Huanghuali[1] wood, low-backed armchair,
decorated with carvings of twin hornless
dragons
Ming Dynasty
Height: 80.5cm   Length: 58cm
Width: 46cm
Qing Court collection

靠背由兩根立柱作框，背板加橫棖打
槽裝板，上部長方形開光，中部浮雕
抵尾雙螭，翻成雲紋，下部為雲紋亮
腳。兩側扶手中間安有圍欄，下有矮
老與座面相接。座面落堂做，鑲硬板
心。座面下裝替木牙條，腿間安步步
高趕棖。

40

紫檀夔龍紋玫瑰椅
明
高93厘米　長59.5厘米　寬45.4厘米
清宮舊藏

Red sandalwood low-backed armchair, decorated with Kui³-dragon carvings
Ming Dynasty
Height: 93cm　Length: 59.5cm
Width: 45.4cm
Qing Court collection

靠背與扶手打槽裝板，中心開光，成四面券口牙，雕雙夔龍紋、迴紋。藤心座面。座面下、腿間步步高根下均安羅鍋根。

據此椅登記檔案，為道德堂之物。道德堂位於西六宮之翊坤宮西配殿，為清代嬪妃居所。

41

紫檀鑲楠木心長方杌
明
高41.5厘米　長53厘米　寬31.5厘米
清宮舊藏

Rectangular, red sandalwood stool, with top inlaid with Nanmu[5] wood
Ming Dynasty
Height: 41.5cm　Length: 53cm
Width: 31.5cm
Qing Court collection

座面四角攢邊鑲楠木板心，側面冰盤沿。面下安羅鍋棖，大面有兩對矮老相連，側面較窄，羅鍋棖上採用單根矮老。四腿圓柱形，帶側腳，腿間施管腳棖。

此杌用材上乘，造型淳樸大方，簡練中寓精緻，為典型明式風格。

花梨方杌
明
高44.5厘米　長43厘米　寬43厘米
清宮舊藏

Square, rosewood stool
Ming Dynasty
Height: 44.5cm　Length: 43cm
Width: 43cm
Qing Court collection

座面四角攢邊框，鑲席心。四腿外圓　此杌通體光素，只在腿間施以簡練的
內方帶側腳，俗稱"四劈八叉"，腿間　綫腳裝飾，體現明式家具簡潔明快的
安羅鍋棖加矮老。　特點。

紫檀漆心大方杌
明
高49.5厘米　長63.5厘米　寬63.5厘米

Large, square, red sandalwood stool with lacquered top
Ming Dynasty
Height: 49.5cm　Length: 63.5cm
Width: 63.5cm

座面邊抹與四足用粽角榫連結，黑漆　此杌造型綫條流暢圓潤，盡顯材質的
面心。邊抹中部下垂成魚肚式。直腿　自然美。
內翻馬蹄，腿間施羅鍋棖。

花梨藤心大方杌
明
高51厘米　長67厘米　寬67厘米

Large, square rosewood stool with rattan top
Ming Dynasty
Height: 51cm　　Length: 67cm
Width: 67cm

座面四角攢邊框，鑲藤心。腿間安雙層羅鍋棖，上層一根直抵座面。面沿、腿足、羅鍋棖均為劈料做，係模仿竹藤類家具的自然特點，為明式家具的一種綫腳裝飾方法。雖無雕刻，而裝飾效果很強。

45

紫檀鼓腿彭牙方凳
明末清初
高52厘米　長57厘米　寬57厘米
清宮舊藏

Square, red sandalwood stool
Late Ming-early Qing Dynasty
Height: 52cm　Length: 57cm
Width: 57cm
Qing Court collection

座面攢框鑲心，落堂安裝。帶束腰，鼓腿彭牙，內翻馬蹄。牙條正中垂窪堂肚，牙條與腿相交處安雲紋角牙。

此凳做工精細考究，腿足略顯誇張的曲綫，使全器頓添生動。

黄花梨藤心方杌
清早期
高51厘米　長63厘米　寬63厘米
清宮舊藏

Square Huanghuali[1] wood stool with rattan seat
Early Qing Dynasty
Height: 51cm　Length: 63cm
Width: 63cm
Qing Court collection

座面四角攢邊框，心鑲藤屜下有兩根弧形弓棖支撐。座面下牙板邊緣起綫，牙頭鏟出雲紋。四腿帶側腳，腿外圓內方，各以三條帶窪陽綫界出兩個混面。腿間羅鍋棖兩端成捲雲形，中部微向下凹，具弓形。

此杌做法與明代略有不同，羅鍋棖更具裝飾意味。

47

黄花梨馬紮
明
高55.5厘米　長66厘米　寬29厘米
清宮舊藏

Huanghuali[1] wood folding campstool
Ming Dynasty
Height: 55.5cm　Length: 66cm
Width: 29cm
Qing Court collection

兩根橫材着地，底平而寬。凡橫材出
頭處，均有鋄金鐵葉包裹衛套，並用
釘加固。軸釘穿鉚處加墊護眼錢。座
面用藍色絲絨織迴紋軟屜。

馬紮又稱"交杌"，古稱"胡牀"。可
摺疊，便於攜帶。

48

紅漆嵌琺瑯面龍戲珠紋圓凳

明

高44厘米　面徑42.5厘米

清宮舊藏

Round, red lacquered stool, with an
enamel top decorated with a picture of
dragons playing with a pearl

Ming Dynasty

Height: 44cm　Diameter of top: 42.5cm

Qing Court collection

座面嵌裝圓形雙龍戲珠紋琺瑯心。束
腰嵌裝縧環板，長方形開光，下承托
腮。束腰下鼓腿彭牙，壺門式牙，五
腿內翻捲雲足，下踩圓珠，圓形托
泥。通體髹紅漆。

圓凳源於漢魏時的筌蹄，逐漸演化為
坐具。明清時期最流行，多在客廳與
圓桌組合使用。

49

灑螺鈿嵌琺瑯面龍戲珠紋圓凳
明
高41厘米　面徑42.5厘米
清宮舊藏

Round, lacquered stool, sprinkled with
mother-of-pearl, with an enamel top
decorated with a picture of dragons
playing with a pearl
Ming Dynasty
Height: 41cm　Diameter of top: 42.5cm
Qing Court collection

座面嵌圓形掐絲琺瑯雙龍戲珠紋面
心。座面沿下起陽綫。束腰分段嵌裝
縧環板，捏角長方形開光。通體髹漆
地灑螺鈿砂粒裝飾，顯得流光溢彩。

50

紅漆嵌琺瑯面山水人物圖圓凳
明
高44厘米　面徑42.5厘米
清宮舊藏

Round, red lacquered stool, with an
enamel top decorated with a picture of
figurines in a landscape setting
Ming Dynasty
Height: 44cm　Diameter of top: 42.5cm
Qing Court collection

座面嵌掐絲琺瑯山水人物圖面心。束
腰分段嵌縧環板，開長條形炮仗洞。
壺門式牙子，鼓腿彭牙，內翻雲紋
足，下踩圓珠，帶托泥。

51

楠木嵌瓷心雲龍紋圓凳
清康熙
高49厘米　面徑41厘米
清宮舊藏

Round, Nanmu[5] wood stool, with a
porcelain top decorated with a dragon
and cloud pattern
Kangxi Period, Qing Dynasty
Height: 49cm　Diameter of top: 41cm
Qing Court collection

座面嵌瓷心,繪青花雲龍紋。鼓腿彭
牙,牙條抱肩榫。四腿下端格肩榫與
托泥結合,形成四個壺門開光。足端
帶躞,托泥下飾龜腳。

此圓凳本為八件成堂,現故宮與頤和
園各存其四。

青花雲龍紋坐墩
明正德
高34厘米　面徑21.5厘米　底徑21厘米
清宮舊藏

**Blue and white porcelain stool, decorated
with dragon and cloud patterns**
Zhengde Period, Ming Dynasty
Height: 34cm　Diameter of top: 21.5cm
Diameter of base: 21cm
Qing Court collection

坐墩瓷製，鼓形，上下對稱。座面微
凸，中心內凹有小孔。腹部上下各凸
起一周鼓釘紋，兩側各有一獸面耳。
座面繪獅戲球紋，中心配以朵花紋。
腹部紋飾三層，上層八組蓮紋，中間
雲龍紋，下層海水江崖、麒麟紋。

坐墩俗稱"繡墩"，因其起源於織繡坐
墊而得名，風行於明清兩代。明代流
行瓷製，外形結構基本相同，座面多
凸起，清代則為平面。

53

青花獅球紋坐墩
明正德
高37.5厘米　面徑23厘米　底徑23厘米
清宮舊藏

**Blue and white porcelain stool, decorated
with pictures of lions playing with a ball**
Zhengde Period, Ming Dynasty
Height: 37.5cm　Diameter of top: 23cm
Diameter of base: 23cm
Qing Court collection

坐墩瓷製。座面中心鏤空雕花，四周
繪獅戲球紋。腹部紋飾三層，上層六
組蓮紋，中間雙獅戲球紋，下層海水
江崖紋。底部露胎無釉。

54

黃釉三彩雙龍紋坐墩
明嘉靖
高34.5厘米　面徑22厘米
底徑21.5厘米
清宮舊藏

Yellow, glazed porcelain, barrel-shaped
stool, decorated with a twin dragons
pattern in three colors
Jiajing Period, Ming Dynasty
Height: 34.5cm　Diameter of top: 22cm
Diameter of base: 21.5cm
Qing Court collection

坐墩瓷製。座面繪雙龍及荷花紋。腹
部紋飾三層，上下均為纏枝花紋，中
間雙龍環繞鼓身，周圍襯以荷花、海
水紋。

55

青花花鳥紋坐墩
明萬曆
高38.5厘米　面徑23.5厘米
底徑23厘米
清宮舊藏

**Blue and white porcelain stool, decorated
with bird and flower patterns**
Wanli Period, Ming Dynasty
Height: 38.5cm　Diameter of top: 23.5cm
Diameter of base: 23cm
Qing Court collection

坐墩瓷製。座面中心鏤孔，繪獅戲球
紋。腹部紋飾三層，上層折枝花紋，
中部孔雀、牡丹、洞石，下層海水江
崖紋。

青花雲龍紋坐墩
明萬曆
高33.8厘米　面徑21.2厘米
底徑21厘米
清宮舊藏

**Blue and white porcelain stool, decorated
with dragon and cloud patterns**
Wanli Period, Ming Dynasty
Height: 33.8cm　Diameter of top: 21.2cm
Diameter of base: 21cm
Qing Court collection

坐墩瓷製。座面繪獅戲球紋。腹部紋
飾三層，上層天馬行空及朵蓮紋，中
間雲龍戲珠紋，下層海水朵雲紋。

57

青花龍戲珠紋坐墩
明萬曆
高37.8厘米　面徑20.5厘米
底徑20厘米

Blue and white porcelain stool, decorated with pictures of two dragons playing with a pearl
Wanli Period, Ming Dynasty
Height: 37.8cm　Diameter of top: 20.5cm
Diameter of base: 20cm

坐墩瓷製。座面繪雙龍戲珠紋。腹部
紋飾三層，上層朵雲紋，中間龍戲珠
紋，周圍襯以海水江崖及朵雲紋，下
層海水江崖紋。

58

法華釉花鳥紋坐墩
明
高33厘米　面徑26厘米　底徑25厘米
清宮舊藏

Fahua[6] glazed porcelain stool, decorated
with a bird and flower pattern
Ming Dynasty
Height: 33cm　Diameter of top: 26cm
Diameter of base: 25cm
Qing Court collection

坐墩瓷製。座面中心繪輪花，四邊襯
荷葉紋。腹部鏤空雕刻孔雀、牡丹、
洞石，上下襯飾朵雲紋。

59

青花仕女圖坐墩
明
高39厘米　面徑22.5厘米　底徑22厘米
清宮舊藏

Blue and white porcelain stool, decorated with pictures of graceful women
Ming Dynasty
Height: 39cm　Diameter of top: 22.5cm
Diameter of base: 22cm
Qing Court collection

坐墩瓷製。座面飾花卉紋。腹部紋飾
三層，上層如意頭紋，內有蓮托八寶
紋，中間仕女圖，襯以花石、祥雲、
遠山、明月，下層海水江崖紋。

60

紫檀五開光坐墩
清早期
高52厘米　面徑28厘米
清宮舊藏

**Round, red sandalwood stool, with five
begonia-shaped openings**
Early Qing Dynasty
Height: 52cm　Diameter of top: 28cm
Qing Court collection

鼓形，腹部有五個鏤空海棠式開光，
上下各有弦紋及鼓釘紋一道。

坐墩造型自明至清由粗碩向修長發
展，此墩造型挺拔，為清早期製品。

61

黃花梨嵌癭木心坐墩
清早期
高47厘米　面徑36厘米
清宮舊藏

Huanghuali[1] wood stool, with a top inlaid with gnarled wood
Early Qing Dynasty
Height: 47cm　Diameter of top: 36cm
Qing Court collection

座面嵌圓形癭木心。墩身兩端各雕一
道弦紋，一周鼓釘紋。四腿以插肩榫
連接座面及底托。四腿間飾仿竹藤製
品的弧形圈，顯得頗為別致，極具裝
飾效果。

62

雞翅木六開光坐墩
清早期
高46.5厘米　面徑27.5厘米
清宮舊藏

**Round Jichimu[7] wooden stool with six
oval openings**
Early Qing Dynasty
Height: 46.5cm
Diameter of top: 27.5cm
Qing Court collection

墩身上下各雕出弦紋四道，中間兩道
為雙綫，上下弦紋間均飾鼓釘紋一
周。腹部正中有六個鏤空橢圓形開
光，飾雙綫邊。

63

紫檀腰圓形腳踏
清早期
高17厘米　長72.5厘米　寬36厘米
清宮舊藏

Red sandalwood wasp-waisted[8] footstool,
with circular ends
Early Qing Dynasty
Height: 17cm　Length: 72.5cm
Width: 36cm
Qing Court collection

面心鑲板，中部稍細，作腰圓形，其
形式為腳踏中的變體。帶束腰，鼓腿
彭牙，內翻馬蹄。

腳踏為牀前踏腳之物。此腳踏為一
對。

桌案几

Tables

黃花梨方桌

明
高83厘米　長100厘米　寬100厘米
清宮舊藏

Square Huanghuali[1] wood table

Ming Dynasty
Height: 83cm　Length: 100cm
Width: 100cm
Qing Court collection

桌面攢框鑲板心。帶束腰，直牙條，拱肩直腿。四腿上端內角安彎棖，與桌面下穿帶相連，稱為"霸王棖"，起拱托桌面和加固四腿的作用。方腿，足端削成內翻馬蹄。

此類方桌又名"八仙桌"，常用於筵宴，或陳設於正廳長案前，兩側各置一椅，用於招待賓客。

65

黃花梨花草紋展腿方桌
明
高86.5厘米　長100厘米　寬100厘米

Square Huanghuali[1] wood table with removable legs, decorated with flower and plant embossing
Ming Dynasty
Height: 86.5cm　Length: 100cm
Width: 100cm

桌面下帶束腰，壺門式牙條，邊緣與腿足結合處浮雕花草紋。兩側腿間裝雙橫棖。四角為展腿式，上端拱肩三彎腿外翻馬蹄，下端活動式圓形展腿，可以分解。

展腿是明式家具常見做法，多可開合。後來演化為一種裝飾手法，採用一木連作，但仍做出兩層足的形式。

66

黃花梨捲草紋方桌

明
高86厘米　長94.5厘米　寬94厘米
清宮舊藏

Square Huanghuali[1] wood table, decorated with scrolled grass patterns
Ming Dynasty
Height: 86cm　Length: 94.5cm
Width: 94cm
Qing Court collection

面下帶束腰，安直牙條，雕捲草紋、
迴紋。四腿間安羅鍋棖，上端與牙條
相抵，沿羅鍋棖及腿部馬蹄內緣起壓
邊綫。方腿直足，內翻馬蹄。

67

花梨方桌
明
高86厘米　長93厘米　寬84厘米
清宮舊藏

Square rosewood table
Ming Dynasty
Height: 86cm　Length: 93cm
Width: 84cm
Qing Court collection

四腿與桌面直接，連接處安角牙，牙邊起陽綫。圓腿，柱礎式足。此桌造型極其簡練，挺拔堅實而無單薄感。

據登記檔案，此桌為壽藥房之物。壽藥房為清代皇太后、皇后儲存藥材之處。

68

黃花梨方桌
明
高70厘米　長82厘米　寬82厘米
清宮舊藏

Square Huanghuali[1] wood table
Ming Dynasty
Height: 70cm　Length: 82cm
Width: 82cm
Qing Court collection

桌面邊料甚寬，冰盤沿下起陽綫。每
腿與桌面相接處有三道牙子，稱"一
腿三牙"。四腿間安高拱羅鍋棖，棖
上橫邊緊抵牙條。四腿側腳收分明
顯。圓腿直足。

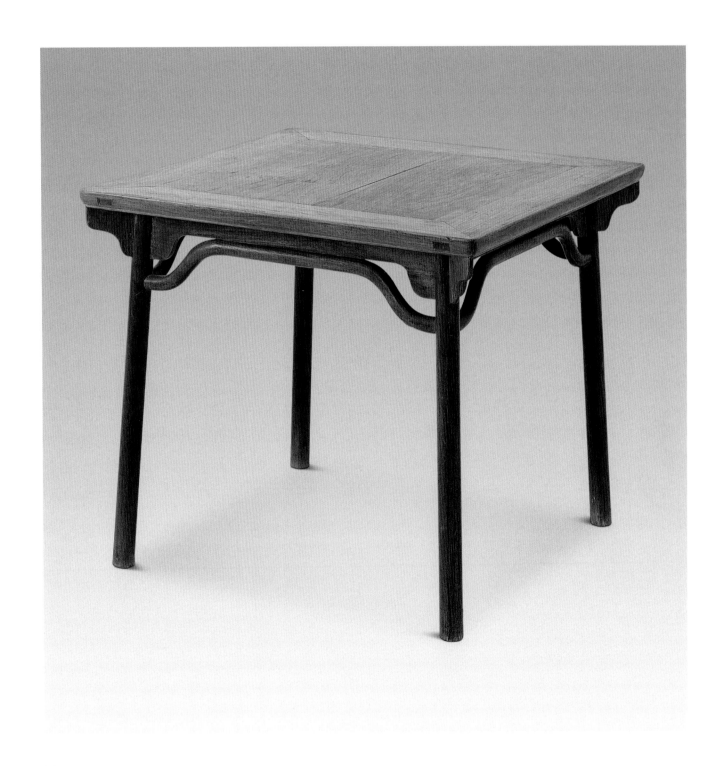

69

黃花梨方桌
明
高86.5厘米　長97厘米　寬96.5厘米

Square Huanghuali[1] wood table
Ming Dynasty
Height: 86.5cm　Length: 97cm
Width: 96.5cm

桌腿上部有二花牙，牙條外緣起陽
綫，腿內安霸王根。四腿側腳收分明
顯。圓腿直足。除在腿牙處稍作裝飾
外，極盡簡練。

70

黃花梨螭紋方桌

明

高87厘米　長92厘米　寬92厘米

Square, Huanghuali[1] wood table, decorated with hornless dragon patterns

Ming Dynasty
Height: 87cm　Length: 92cm
Width: 92cm

桌面沿為劈料裹腿做。面下裹腿橫棖與桌沿間鑲縧環板，雕螭紋。橫棖與腿間安勾雲紋斜棖。

此桌雕刻、裝飾精巧。劈料裹腿是明式家具常見裝飾手法，斜棖形式則較為少見。

71

黃花梨束腰方桌
明
高83厘米　長100厘米　寬100厘米

Square, Huanghuali[1] wood, wasp-waisted[8] table
Ming Dynasty
Height: 83cm　Length: 100cm
Width: 100cm

帶束腰，直牙條，四腿內安霸王棖。
方直腿，內翻馬蹄。

此桌造型簡潔，不加雕飾，通體方材
更顯瘦勁。

72

黃花梨方桌
明
高82.5厘米　長75厘米　寬75厘米
清宮舊藏

Square, Huanghuali[1] wood table
Ming Dynasty
Height: 82.5cm　Length: 75cm
Width: 75cm
Qing Court collection

四腿直接桌面，腿間安羅鍋根，上植
四個矮老。

此桌通體圓材，造型小巧、簡練，綫
條流暢。據登記檔案，此桌為壽安宮
之物。壽安宮為清代皇太后、太妃居
所。

73

花梨方桌
明
高86厘米　長95厘米　寬95厘米

Square rosewood table
Ming Dynasty
Height: 86cm　Length: 95cm
Width: 95cm

桌面四邊攢框，面心為名貴的癭木鑲成。四腿間安羅鍋棖，每面以兩組雙矮老與桌面連接。粗壯的四腿，使此桌顯得穩固、質樸。

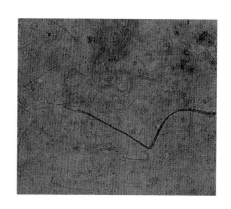

74

黃花梨梅花紋方桌
明
高 86 厘米 長 93.5 厘米 寬 91.5 厘米

Square Huanghuali[1] wood table, decorated with plum-blossom patterns embossing
Ming Dynasty
Height. 86cm   Length. 93.5cm
Width: 91.5cm

直牙條上浮雕梅花紋，兩端雕出花牙。四腿間安羅鍋棖，棖兩端透雕梅花紋。四腿為展腿式，上部拱肩三彎腿外翻馬蹄，下部圓柱腿。

75

黃花梨噴面式方桌

明
高79厘米　長96厘米　寬96厘米

Square Huanghuali[1] wood table with overhanging top
Ming Dynasty
Height: 79cm　Length: 96cm
Width: 96cm

桌面邊材甚寬，向外探出，四腿縮進
安裝，稱"噴面式"。面下襯牙條，兩
端垂牙頭。四腿間安高拱羅鍋棖，牙
條及棖子邊緣起皮條綫。桌面四角與
腿的結合處另安小牙頭，成一腿三牙
式。四腿側腳收分較大。委角方腿。

此桌桌裏披漆灰，為典型的蘇州做法。

紫檀噴面式方桌

明
高86厘米　長92厘米　寬92厘米
清宮舊藏

**Square, red sandalwood table with
overhanging top**
Ming Dynasty
Height: 86cm　Length: 92cm
Width: 92cm
Qing Court collection

桌面為噴面式，鑲癭木面心。面下有
束腰，每面中部設暗抽屜一具。直牙
條，牙下安以羅鍋棖加矮老形式變出
的攢框。方直腿，四足馬蹄以整料挖
成。全身打窪。

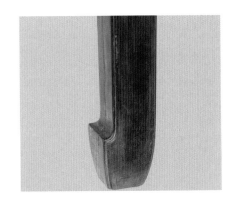

黃花梨雲頭紋方桌

明

高86厘米　長90厘米　寬90厘米

Square, Huanghuali[1] wood table, decorated with cloud cluster patterns

Ming Dynasty

Height: 86cm　Length: 90cm

Width: 90cm

噴面式桌面，下安牙條，四角有角牙，直接與桌腿上端結合，牙條下又安羅鍋根，稱"一腿三牙羅鍋根"。牙頭挖捲草紋，羅鍋根鎪出小段彎曲並出鈍尖，根上安雲頭紋卡子花，牙、根邊均起陽綫。腿足分稜瓣，成四劈料綫腳。

"一腿三牙羅鍋根"是明代方桌的流行

樣式之一。此桌裝飾頗為精巧，卻無繁瑣之感。

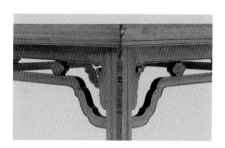

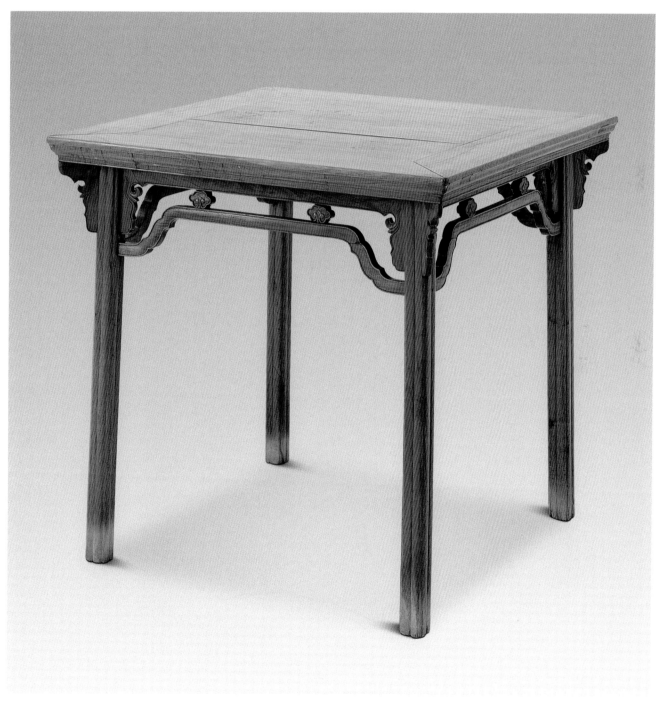

78

黃花梨團螭紋方桌
明
高87.5厘米　長92厘米　寬92厘米

Square, Huanghuali[1] wood table, decorated with carved hornless dragon medallions
Ming Dynasty
Height: 87.5cm　Length: 92cm
Width: 92cm

桌帶束腰，四腿內安羅鍋棖，棖上加鏤刻團螭卡子花。方腿直足，內翻馬蹄。

卡子花與矮老安裝的部位相同，既能起到分遞桌面重量，加強上下連結的作用，又可作為裝飾，活躍結構。

黃花梨方桌
明
高84厘米　長102.5厘米　寬103.8厘米

Square Huanghuali[1] wood table
Ming Dynasty
Height: 84cm　Length: 102.5cm
Width: 103.8cm

桌面與腿間採用攢牙子做法。攢牙子是用長短不同的直材攢接成四塊牙子，再用裁榫的方法把牙子安在四腿間。此做法是從羅鍋棖加矮老變化而來，所不同的是攢牙子將矮老與棖子組成完整的框格，故安裝之後，邊抹之下有橫木，腿足上端兩側有立木，增加了構件之間的接觸面，負重力更強。

80

黃花梨迴紋方桌
明
高86.5厘米　長93厘米　寬93厘米

Square, Huanghuali[1] wood table
Ming Dynasty
Height: 86.5cm　Length: 93cm
Width: 93cm

直牙條，牙頭帶迴紋，牙條邊緣起綫
與牙頭迴紋交圈。方直腿，內翻馬
蹄。

此桌結構簡潔明快，突出自然材質。

81

黃花梨螭紋方桌
清早期
高 81.5 厘米　長 82.5 厘米　寬 82.5 厘米
清宮舊藏

Square, Huanghuali[1] wood table, decorated with hornless dragon patterns
Early Qing Dynasty
Height: 81.5cm　Length: 82.5cm
Width: 82.5cm
Qing Court collection

桌帶束腰，四腿內安霸王棖，與面心底部穿帶結合，將桌面承重均勻地傳遞到四足，結構科學。牙條與腿相交處安鏤空螭紋挖角牙，勾首捲尾，雕工極精。腿足外角做出委角綫，較為少見。

82

紫檀夔紋暗屜方桌
清早期
高87厘米　長96.5厘米　寬96.5厘米

Square, red sandalwood table, decorated with Kui⁴-dragon carvings
Early Qing Dynasty
Height: 87cm　Length: 96.5cm
Width: 96.5cm

桌帶束腰，前後兩面束腰上分別設兩個暗抽屜，屜面上有鎖眼。緊貼桌面安有羅鍋根，根兩端透雕夔紋。四方腿直下，內翻馬蹄，足雕捲雲紋。通體打窪。

此桌在傳統的明式家具造型基礎上加以變化，如束腰上安裝抽屜，羅鍋根緊連桌面等，已為清式做法。

83

花梨捲草紋長方桌
明
高78厘米　長94厘米　寬65厘米

**Rectangular, rosewood table, decorated
with scrolled grass patterns**
Ming Dynasty
Height: 78cm　Length: 94cm
Width: 65cm

桌面長方形，攢框鑲板心，外側冰盤
沿。束腰滿雕捲草紋，四角露出桌腿
上節，束腰下有托腮。腿牙抱肩榫相
交，牙條雕捲草紋。四腿上部為展腿
式，雕捲草紋，與牙條連為一體，外
翻馬蹄；下部為圓柱腿，柱礎式足。

84

黃花梨雲頭形銅包角長桌
明末清初
高85厘米　長96厘米　寬47.5厘米
清宮舊藏

**Rectangular, Huanghuali[1] wood table,
with copper corner sheathings**
Late Ming-early Qing Dynasty
Height: 85cm　Length: 96cm
Width: 47.5cm
Qing Court collection

桌面四角鑲包如意雲頭形銅飾件。面
下有替木牙子，轉角處有角牙，四腿
間安羅鍋棖，為一腿三牙羅鍋棖式。
四腿外撇，側腳收分。圓直腿，銅套
足。

長桌大多成對置於廳堂左右兩側，用
於擺放陳設品。此桌造型為明式長桌
常見風格。

85

黃花梨螭紋長桌
清早期
高81.5厘米　長103.5厘米　寬83.5厘米

**Rectangular, Huanghuali[1] wood table,
decorated with hornless dragon patterns**
Early Qing Dynasty
Height: 81.5cm　Length: 103.5cm
Width: 83.5cm

桌面大邊立面打窪，有束腰。壺門式
牙，雕相向的螭紋及捲草紋，牙頭雕
捲葉紋。四腿上部為展腿式，下部為
圓柱腿，四足與牙條間有弓背角牙扶
持。

86

紫檀團螭紋兩屜長桌
明
高88厘米　長98.5厘米　寬49.5厘米

Rectangular, red sandalwood, two-drawer table, decorated with carved hornless dragon medallions
Ming Dynasty
Height: 88cm　Length: 98.5cm
Width: 49.5cm

桌低束腰，牙條下安榫接高拱羅鍋根，腿角處的方孔內飾鏤空團螭紋及雲紋卡子花。束腰與牙條正中裝二抽屜，安銅飾件。面沿、牙子和腿足均打窪綫。方直腿，大挖馬蹄。

黃花梨小長桌
明
高88厘米　長99.5厘米　寬51.5厘米
清宮舊藏

Small, rectangular Huanghuali[1] wood table
Ming Dynasty
Height: 88cm　Length: 99.5cm
Width: 51.5cm
Qing Court collection

高束腰，安一具扁抽屜。壺門式牙條，邊緣起綫與腿面內側交圈。直腿方足，腿中部兩面飾雲紋翅，內翻馬蹄。

紫檀長桌
明
高88.5厘米　長231厘米　寬69厘米

Long, red sandalwood table
Ming Dynasty
Height: 88.5cm　Length: 231cm
Width: 69cm

桌面噴面式，帶束腰。羅鍋棖式攢欞牙子，帶矮老。面沿、牙條、棖子、腿足均飾打窪綫條。直腿方足，內翻馬蹄。

此桌用大料，造型簡約、沉穩，韻味十足。

89

紫檀長桌
明
高86 厘米 長146 厘米 寬57 厘米

Long, red sandalwood table
Ming Dynasty
Height: 86cm Length: 146cm
Width: 57cm

桌面沿為混面，牙條與棖俱為裹腿雙劈料。長棖與桌面等長，短棖與桌面等寬，長短棖裹腿相交，稱"裹腿做"。棖上有矮老，與腿外側齊在一綫，形成矩形空格，鑲以縧環板，板上開光。圓柱形腿，微帶側腳。

此桌無過分雕琢，卻處處經意，完全以縧腳裝飾，充分體現了明式家具明快、俊美之風。

90

花梨長桌
明
高88厘米　長125厘米　寬37厘米
清宮舊藏

Long, narrow, rosewood table
Ming Dynasty
Height: 88cm　Length: 125cm
Width: 37cm
Qing Court collection

桌面邊沿起攔水綫，直落在牙條上，
似為帶束腰。腿和牙條抱肩榫相接，
四腿間安羅鍋根。方直腿，內翻馬
蹄。

91

填漆花鳥圖長方桌
明
高83厘米　長101厘米　寬66.5厘米
清宮舊藏

Rectangular, lacquered table, with a
picture of flowers and birds decorating
the tabletop
Ming Dynasty
Height: 83cm　Length: 101cm
Width: 66.5cm
Qing Court collection

桌帶細束腰，四腿內安霸王棖，方直
腿，內翻馬蹄。桌面開光內填彩繪月
季、麻雀、翠竹、洞石，四周邊飾錦
紋地，葵花式開光內飾花草紋。面沿
填彩折枝花卉。牙條、腿足填彩捲葉
花卉紋。

據此桌登記檔案，為寧壽宮之物。寧
壽宮為清皇室祭祀薩滿教場所之一。

92

紫檀長桌
明
高81.5厘米　長105.5厘米　寬35.5厘米
清宮舊藏

Long, narrow, red sandalwood table
Ming Dynasty
Height: 81.5cm　Length: 105.5cm
Width: 35.5cm
Qing Court collection

桌面直接腿牙，壺門式牙，牙條與角牙一木連做，角牙透雕兩枝花結，邊緣起陽綫。圓腿直足。

此桌造型簡練，波曲的壺門牙綫條為方直的整體增添了動感。

93

黃花梨長桌
明
高71厘米　長111厘米　寬54.5厘米

Long, Huanghuali[1] wood table
Ming Dynasty
Height: 71cm　　Length: 111cm
Width: 54.5cm

桌面邊沿與牙條為一體，為劈料裹腿
做。四腿間安裹腿羅鍋棖，棖上部與
牙條相抵，又與劈料牙條成為一體。
圓腿直足。

此桌裝飾手法獨特，裹腿劈料做牙
棖，具有竹藤家具的效果。

花梨嵌石面長桌
明
高88厘米　長126厘米　寬58厘米
清宮舊藏

Long, rosewood table, with stone tabletop
Ming Dynasty
Height: 88cm　　Length: 126cm
Width: 58cm
Qing Court collection

桌面攢框鑲大理石心，帶束腰。四腿
間安曲尺橫棖，棖上植矮老。拱肩直
腿，足端削成內翻馬蹄。

大理石多產自雲南，有天然生成的紋
樣，明清時常被用作家具面心等，取
其自然美麗的花紋與質感。

95

黃花梨螭紋小長桌
明
高88厘米　長109厘米　寬56厘米
清宮舊藏

Small, rectangular, Huanghuali[1] wood
table, decorated with hornless dragon
patterns
Ming Dynasty
Height: 88cm　Length: 109cm
Width: 56cm
Qing Court collection

桌面冰盤沿上出有明榫，帶束腰。壺
門式牙，雕螭紋及捲草紋。四腿間安
羅鍋棖，腿邊沿起綫與壺門牙交圈。
方直腿，足端削成內翻馬蹄。

紫漆長方桌
清早期
高87.5厘米　長136厘米　寬84厘米
清宮舊藏

Purple lacquered, rectangular table
Early Qing Dynasty
Height: 87.5cm　Length: 136cm
Width: 84cm
Qing Court collection

桌面邊緣起陽綫。牙頭與牙條一木連做，四腿內側安霸王根。圓材直腿平足。通體髹紫漆，為常用的素漆家具。

據此桌登記檔案，為端凝殿之物。端凝殿位於乾清宮東側，為貯存皇帝冠袍、帶履之所。

黄花梨長桌
清早期
高81.5厘米　長162厘米　寬49厘米
清宮舊藏

Long, Huanghuali[1] wood table
Early Qing Dynasty
Height: 81.5cm　Length: 162cm
Width: 49cm
Qing Court collection

桌面狹長，窄束腰，細牙條。四腿間
安羅鍋根。拱肩直腿，迴紋足。

此桌整體造型屬於明式風格，惟四足
削成迴紋馬蹄，意趣較晚，應為清代
早期製品。

98

黑漆嵌螺鈿荷塘圖長方桌
清早期
高86厘米　長161厘米　寬70厘米
清宮舊藏

Rectangular, black lacquered table, inlaid
with a mother-of-pearl picture of lotus
flowers in a pond
Early Qing Dynasty
Height: 86cm　Length: 161cm
Width: 70cm
Qing Court collection

桌四腿內安霸王棖連接腿足，牙條與
腿轉角處有透雕夔紋花牙，直腿內翻
馬蹄。桌面開光，繪荷花、鳥、石，
四周飾花卉、蝴蝶，間嵌細螺鈿錦
地。牙條、腿足飾花卉、蝴蝶。

填漆戧金五龍捧壽紋長方桌
清早期
高85.5厘米　長160.5厘米　寬84.5厘米
清宮舊藏

Rectangular table, with tabletop featuring
a gold relief and lacquer inlay picture of
five-dragons surrounding the character
"Shou" (longevity)
Early Qing Dynasty
Height: 85.5cm　Length: 160.5cm
Width: 84.5cm
Qing Court collection

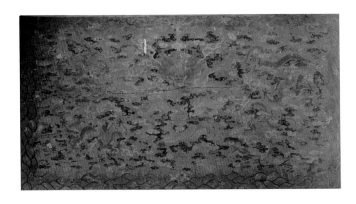

桌四面平式，四腿間安高拱羅鍋根乃
格角攢成，捲雲紋卡子花與桌面連
接。四腿挖缺作，內翻馬蹄。桌面填
漆戧金五龍捧壽紋，四周環海水江崖
紋，四邊填漆戧金朵雲、行龍及夔龍

紋。側沿、牙條及腿足填漆戧金行
龍、升龍及夔龍紋。

此桌為明式做法，紋飾精細，氣勢非
凡。

填漆戧金山莊圖長方桌
清早期
高82.5厘米　長106厘米　寬78厘米
清宮舊藏

Rectangular table, with tabletop featuring
a gold relief and lacquer inlay picture of a
mountain vista
Early Qing Dynasty
Height: 82.5cm　Length: 106cm
Width: 78cm
Qing Court collection

桌面下帶束腰，四腿內安霸王棖，直
腿內翻馬蹄。桌面填漆戧金古剎山
莊、城垣寶塔，側沿及束腰填漆戧金
迴紋。牙條及腿足處均填漆戧金菊花
紋。

此桌造型為明式風格，裝飾畫圖則反
映了鮮明的清代特色。

101

紫檀小長桌
清早期
高81.5厘米　長99.5厘米　寬34厘米
清宮舊藏

Small, long, red sandalwood table
Early Qing Dynasty
Height: 81.5cm　Length: 99.5cm
Width: 34cm
Qing Court collection

桌面細窄，四腿間安羅鍋棖加矮老。
圓腿直足。腿、棖均用圓材，綫條圓
潤柔和。

此桌用料考究，整體造型簡練舒展，
為清早期明式風格家具的精品。

102

黃花梨畫桌
明
高79.5厘米　長176厘米　寬83.5厘米

Huanghuali[1] wood table for writing and
painting
Ming Dynasty
Height: 79.5cm　Length: 176cm
Width: 83.5cm

桌面長方形，攢框做，面下四角腿外
側有角牙，牙條下安羅鍋棖，成一腿
三牙羅鍋棖式。直腿外撇，側腳收分
明顯可見。四腿用圓材，粗碩有力。

畫桌主要為供書畫之用。此桌除牙條
邊起陽綫外不加雕飾，具有濃厚的明
式風格。

103

紅漆描金龍戲珠紋宴桌
明末清初
高84.5 厘米 長135.5 厘米 寬85.5 厘米
清宮舊藏

Red, lacquered dining table, decorated with gold tracery pictures of dragons playing with a pearl
Late Ming-early Qing Dynasty
Height: 84.5cm Length: 135.5cm
Width: 85.5cm
Qing Court collection

宴桌為四腿兩側縮進安裝的案形結構。雙層桌面，面下插肩榫，壺門牙。兩側腿間裝雙橫根，四腿外撇，帶側腳收分。足端飾雙翻馬蹄，珠花托，方斗承足。上層桌面飾描金雙龍戲珠紋，四邊開光，飾描金趕珠龍，間佈斜卍字錦紋地。下層桌面開十八圓孔，為穩固杯盤之用，飾團卍字紋、朵雲紋，四邊飾龍戲珠紋。面下

有活動屜板，作出與二層面十八圓孔相對的圓坑。壺門牙飾描金雙龍戲珠紋。四腿描金海水江崖紋。

此桌造型美觀，裝飾華麗，為皇家喜慶宴飲之用。

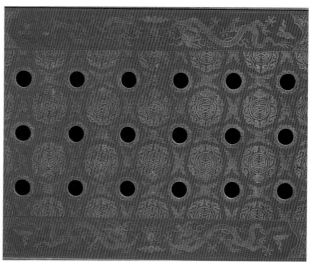

104

填漆戧金龍戲珠紋宴桌
清早期
高86 厘米 長135 厘米 寬101 厘米
清宮舊藏

**Dining table decorated with a gold relief
and lacquer inlay picture of dragons
playing with a pearl**
Early Qing Dynasty
Height: 86cm   Length: 135cm
Width: 101cm
Qing Court collection

雙層桌面，高束腰，四角帶角牙。壺
門式牙條與腿交圈，拱肩三彎腿外翻
馬蹄，捲雲式足。上層桌面四邊起攔
水綫，正中葵花式開光，綫刻戧金雙
龍戲珠紋，四角及四邊亦飾龍戲珠
紋，側沿飾雲紋。下層桌面鏤二十四
圓孔，孔間飾朵雲。束腰分格鑲縧環

板，飾龍紋。牙條及腿足飾龍戲珠
紋。壺門曲邊飾金漆。

此桌與前桌相比，結構與裝飾更為繁
複，特別是金漆龍紋，雍容華貴、富
麗堂皇，體現了皇家獨有的氣派。

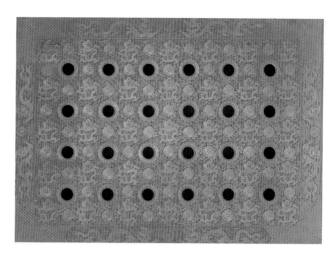

105

黑光漆三聯棋桌
明萬曆
高84 厘米　長84 厘米　寬73 厘米
清宮舊藏

Black, lacquered chess table
Wanli Period, Ming Dynasty
Height: 84cm　Length: 84cm
Width: 73cm
Qing Court collection

活榫三聯桌面，面下突起羅鍋棖式牙，足合四分八。正中桌面為活心板，繪黑地紅格圍棋盤，盤兩側有帶蓋棋子盒，裝黑白料製圍棋子。棋盤下有方槽，內裝抽屜兩個，以木匣盛裝雕玉牛牌二十四張，雕骨牌三十二張，骨骰子牛牌兩份，紙籌兩份，骰子籌一份及木刀、小鑷子等工具各一份，錫錢兩串。

專用的棋桌宋、元時已有，但似此結構新穎、做工考究的棋桌尚屬首例。

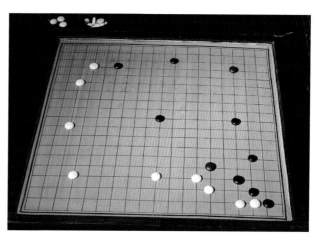

106

填漆戧金雲龍紋琴桌
明
高70 厘米 長97 厘米 寬45 厘米
清宮舊藏

Chinese lute table, decorated with a
cloud-and-dragon pattern in gold relief
and lacquer inlay
Ming Dynasty
Height: 70cm   Length: 97cm
Width: 45cm
Qing Court collection

桌面長方形，下承束腰，壺門式牙，直腿，內翻馬蹄。桌面開光內飾戧金二龍戲珠紋，雕填彩雲立水，黑方格錦紋地。四周葵花式開光，飾雲龍紋，戧金方格錦紋地。側沿填彩朵雲，束腰戧金填彩折枝花卉，戧金雙龍戲珠紋立水沿板。腿面戧金填彩趕珠龍紋，間黑卍字方格錦紋地，腿裏部素地填彩朵雲。黑素漆裏，與桌面隔出一定空隙，鏤空錢紋音箱。

此桌裝飾華麗，桌裏附有音箱，目的在於提高音響效果，設計科學。

107

黑漆描金番蓮紋琴桌
清早期
高71厘米　長96厘米　寬45厘米
清宮舊藏

Small, black lacquered Chinese lute table, decorated with Indian lotus patterns in gold tracery
Early Qing Dynasty
Height: 71cm　Length: 96cm
Width: 45cm
Qing Court collection

桌面下有一暗音箱，帶束腰，壺門牙板，方直腿，內翻馬蹄。桌面光素，面沿、束腰、牙板、腿足處飾有描金番蓮紋。

明代專用琴桌極為少見，本卷所收兩件俱為精品，殊為難得。

108

黑漆灑螺鈿龍戲珠紋長方案
明
高79.5厘米　長111厘米　寬79厘米
清宮舊藏

Black, lacquered rectangular table,
sprinkled with mother-of-pearl and
decorated with carvings of twin dragons
playing with a pearl
Ming Dynasty
Height: 79.5cm　Length: 111cm
Width: 79cm
Qing Court collection

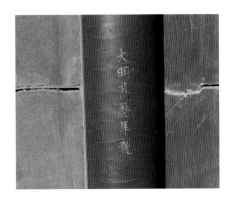

案面長方形，腿牙插肩榫結構。壺門
與腿部邊緣交圈，兩側腿間裝雙橫
棖，四腿外撇，帶側角收分。劍式
腿，方形馬蹄。壺門牙條上飾雙龍戲
珠紋，腿足處飾有龍紋。案內底部有
刀刻描金"大明萬曆年製"楷書款。

案與桌的結構略有不同，案腿為縮進
安裝，桌腿則安裝在桌面四角。

109

黃花梨雲頭紋條案
明
高84 厘米 長223 厘米 寬73 厘米
清宮舊藏

Long, narrow Huanghuali[1] wood table,
decorated with cloud patterns
Ming Dynasty
Height: 84cm   Length: 223cm
Width: 73cm
Qing Court collection

案面長條形，攢框鑲板心，邊抹冰盤沿綫腳。牙條邊沿起陽綫，牙頭鎪成如意雲頭紋。兩側腿間裝雙橫棖。直腿外撇，側腳收分。方直腿，腿中間起皮條綫。

條案主要用於陳設。此案體形較大，做工精細，結構、裝飾為明式典型風格。

110

紫檀長方案
明
高79 厘米 長112 厘米 寬52.5 厘米
清宮舊藏

Rectangular, red sandalwood table
Ming Dynasty
Height: 79cm　Length: 112cm
Width: 52.5cm
Qing Court collection

案面冰盤沿，下為替木牙子。牙板與
腿相交處打槽，腿上部出榫，與案面
相接，稱"夾頭榫"，為明式案常見榫
卯結構。委角直腿，三面打窪。兩側
腿間裝雙橫棖，兩面打窪綫條。

此類案屬小型案，俗稱酒桌，擺放靈
活，明代廣泛使用。

111

紫檀長方案
明
高86 厘米 長94 厘米 寬77 厘米
清宮舊藏

Rectangular, red sandalwood table
Ming Dynasty
Height: 86cm   Length: 94cm
Width: 77cm
Qing Court collection

小型案。壺門式牙條，牙頭鏟成如意
雲頭形。兩側腿間裝單棖。四腿微外
撇，側腳收分。圓腿直足。

此案整體結構簡潔，惟在牙條上做裝
飾，為明代常式。

112

紫檀條案
明
高86厘米　長236厘米　寬42厘米

Long, red sandalwood table
Ming Dynasty
Height: 86cm　Length: 236cm
Width: 42cm

案面下長牙條，牙頭兩端大挖雲頭
形，夾頭榫結構。兩側腿間裝雙橫
棖。四腿外撇，側腳收分。圓腿直
足。

此案體形較大，材質難得。

113

花梨嵌鐵梨面條案
明
高78 厘米 長235 厘米 寬73 厘米
清宮舊藏

Long, rosewood table, with a tabletop
inlaid with tielimu[9] wood
Ming Dynasty
Height: 78cm　Length: 235cm
Width: 73cm
Qing Court collection

案間架俱為花梨木製，惟案面嵌鐵梨
木心。牙頭、牙條一木連做，光素無
飾，與腿、面夾頭榫結構。兩側腿間
裝圓材橫棖。圓腿直足。

據此案登記檔案，為壽康宮之物。壽
康宮為清代皇太后、太妃居所。

114

黃花梨長方案
明
高78厘米　長92.5厘米　寬52.5厘米
清宮舊藏

Rectangular, Huanghuali[1] wood table
Ming Dynasty
Height: 78cm　Length: 92.5cm
Width: 52.5cm
Qing Court collection

案面邊緣起攔水綫，側沿混面雙邊
綫。面下牙條、牙頭與桌腿兩側護腿
牙格肩組合，牙頭鎪成捲雲形。兩側
腿間裝雙橫棖。四腿外撇，側腳收

分。腿面中起兩柱香綫條，兩邊混
面，邊緣亦起綫，形成並列的兩組混
面雙邊綫，與桌面側沿相呼應。

花梨長方案
明
高85厘米　長117厘米　寬58.5厘米
清宮舊藏

Rectangular rosewood table
Ming Dynasty
Height: 85cm　Length: 117cm
Width: 58.5cm
Qing Court collection

牙條與腿夾頭榫結構，牙頭鏟出雲頭
形。兩側腿間裝雙橫棖。四腿外撇，
側腳收分。方腿直足。

此案僅在牙頭處作裝飾，頗顯質樸。

116

黃花梨長方案
明
高80厘米　長100厘米　寬50厘米

Rectangular, Huanghuali[1] wood table
Ming Dynasty
Height: 80cm　Length: 100cm
Width: 50cm

小型案。直牙條細窄無雕飾，高拱羅
鍋棖直抵牙條。兩側腿間裝雙橫棖，
均為圓材。四腿外撇，側腳收分。

此案形體修長，結構輕便。

117

紫檀條案
明
高82.5厘米　長90厘米　寬36厘米
清宮舊藏

Small, red sandalwood table
Ming Dynasty
Height: 82.5cm　Length: 90cm
Width: 36cm
Qing Court collection

案面下壺門牙，牙頭鎪成雲頭形，邊緣起陽綫。兩側腿間裝單橫棖，鑲縧環板，正中開光，雕上翻的如意頭，橫棖下有雕花牙條。圓腿直足。

據此案登記檔案，為絳雪軒之物。絳雪軒位於禦花園內。

118

黑漆長方案
明
高82 厘米 長103 厘米 寬73.5 厘米
清宮舊藏

Black lacquered, rectangular table
Ming Dynasty
Height: 82cm　Length: 103cm
Width: 73.5cm
Qing Court collection

小型案。案面下為壺門形牙，牙條及
腿邊沿起陽綫。兩側腿間裝兩根打窪
橫棖，與腿相接處起花結，腿中心飾
一條燈草綫。方直腿，馬蹄下有承
珠。

據此桌登記檔案，為上書房之物。

119

紫檀條案
清早期
高82 厘米 長99 厘米 寬35 厘米
清宮舊藏

Small, long, narrow red sandalwood table
Early Qing Dynasty
Height: 82cm   Length: 99cm
Width: 35cm
Qing Court collection

案面下安高拱羅鍋根，緊抵桌面，形
成一極窄的牙條，牙頭處則落堂鑲
板。兩側腿間裝單橫根。四腿外撇，
側腳收分。圓腿直足。

此桌造型簡練素雅，為明式風格。

120

鐵梨螭紋翹頭案
明
高90厘米　長363厘米　寬68厘米

Tielimu[9] wood table with up-turned ends,
decorated with a hornless dragon pattern
Ming Dynasty
Height: 90cm　Length: 363cm
Width: 68cm

案面兩端翹起，面下安直牙條，雕相
背的捲曲紋，合成向下捲轉的浮雕雲
紋，牙頭雕作捲雲形。腿與牙條、案
面夾頭榫結合，帶托子。直腿外撇，
側腳收分。兩側腿間安檔板，透雕螭
紋。

大型翹頭案一般擺設在正廳正中，它
與平頭案的使用功能相同，只是更具
裝飾性。鐵梨多大材，而能製此大
案。

121

鐵梨翹頭案
明
高83.5厘米　長175.5厘米　寬45厘米

Tielimu[9] wood table with up-turned ends
Ming Dynasty
Height: 83.5cm　Length: 175.5cm
Width: 45cm

案面為完整板材做成，兩端翹頭。案面沿中間起綫，面下牙板與堵頭銜接周匝，夾頭榫結構。腿飾混面雙邊綫，直腿外撇，側腳收分。兩側腿間帶管腳棖，鑲裝上下兩層縧環板，上層雕圓形開光，下層雕矩形開光。

122

花梨翹頭案
明
高80厘米　長120厘米　寬41厘米

Rosewood table with up-turned ends
Ming Dynasty
Height: 80cm　Length: 120cm
Width: 41cm

案面翹頭，牙板與腿夾頭榫相交。牙板銜接牙堵成環匝，牙頭雕雲頭形。腿飾三皮條綫，雙混面雙邊綫。直腿外撇，側腳收分。兩側腿間裝雙棖。

123

烏木邊花梨心條案

明
高81.5厘米　長111.5厘米　寬28厘米
清宮舊藏

Small, long, narrow table, with tabletop decorated with ebony edges and a rosewood center

Ming Dynasty
Height: 81.5cm　Length: 111.5cm
Width: 28cm
Qing Court collection

案面烏木攢框，鑲獨板花梨木心。直牙條，小牙頭。扁方腿，兩側腿間安橫棖，腿及橫棖均四面打窪，前後打大窪，兩側打小窪。腿部四個稜角作混面綫，混面與打窪綫結合處雙打窪細皮條綫。直腿外撇，側腳收分，正面跑馬叉和側面騎馬叉明顯可見。

124

花梨如意雲頭紋條案
明
高82.5厘米　長368厘米　寬63厘米
清宮舊藏

Rosewood table with flat ends, decorated
with ruyi[3] and cloud patterns
Ming Dynasty
Height: 82.5cm　Length: 368cm
Width: 63cm
Qing Court collection

案面邊沿起陽綫。牙條與牙頭一木連
做，牙頭鎪出捲雲形，牙頭、牙條之
間有一顆圓珠相連，用以加固牙頭朵
雲。直腿邊緣起陽綫，正中起兩柱燈
草綫，兩側腿間檔板透雕如意雲頭及
花朵紋，直腿下承托泥。桌面、牙、
腿活榫結構，可開合。

125

黄花梨靈芝紋翹頭案
明
高81.5厘米　長252厘米　寬42厘米
清宮舊藏

Long Huanghuali[1] wood table with up-turned ends, decorated with a lingzhi[10] pattern
Ming Dynasty
Height: 81.5cm　Length: 252cm
Width: 42cm
Qing Court collection

案面翹頭。直牙條，牙頭透雕靈芝　柱香綫條，兩側腿間鑲板，透雕捲雲
紋，與腿足夾頭榫結構。腿中心雕二　紋。直腿帶側腳，平底梯形足。

126

花梨雙螭紋翹頭案
明
高85厘米　長402厘米　寬67.5厘米
清宮舊藏

Rosewood table with up-turned ends,
decorated with a double-hornless dragon
design
Ming Dynasty
Height: 85cm　Length: 402cm
Width: 67.5cm
Qing Court collection

牙條、牙頭一木連做，牙頭鎪出如意
雲頭紋花牙，牙條與腿夾頭榫結構。
兩側腿間鑲檔板，透雕雙螭紋。直腿
平足，帶托泥。

此案極大，為罕見之物。據登記檔
案，此案原陳重華宮。乾隆皇帝曾在
重華宮居住和舉行茶宴。

鐵梨雲螭紋翹頭案
明
高92厘米　長245厘米　寬42厘米

Tielimu[9] wood table with up-turned ends,
decorated with cloud and hornless
dragon patterns
Ming Dynasty
Height: 92cm　Length: 245cm
Width: 42cm

案面翹頭，牙頭几與案頭平齊，雕捲
雲紋，十分飽滿，邊緣鎪出起伏陽
綫。牙條與腿夾頭榫結構。兩側腿間
鑲鎪環板，透雕雲螭紋。腿微向外
撇，帶側腳，香爐式足。

櫸木翹頭案
明
高78.5厘米　長190厘米　寬36.5厘米

Beechwood table with up-turned ends
Ming Dynasty
Height: 78.5cm　Length: 190cm
Width: 36.5cm

案面鰍背式翹頭。直牙條，牙頭鎪出
雲頭形，牙條與腿夾頭榫結構。腿中
心雕二柱香綫條和兩側邊綫，合成雙
混面雙邊綫。兩側腿間裝方形雙橫
棖。四腿外撇，側腳收分，又稱“跑
馬叉”。方腿直足。

黃花梨翹頭案
明
高80 厘米 長120 厘米 寬41 厘米

Huanghuali[1] wood table with up-turned
ends
Ming Dynasty
Height: 80cm　Length: 120cm
Width: 41cm

案面邊框內鑲仔框，仔框內鑲癭木板
心，邊沿打窪。直牙條，牙頭開蝠形
孔。方腿，正中起凹綫，兩側面和裏
面打單窪，四角倒稜。兩側腿間裝橫
棖，棖四面打單窪，四角倒稜，棖間
鑲十字形開光縧環板。直足落在托泥
上，托泥底部做出壺門曲邊。

130

花梨夔鳳紋翹頭案
明
高91 厘米 長225 厘米 寬53 厘米
清宮舊藏

**Rosewood table with up-turned ends,
decorated with Kui-phoenix carvings**
Ming Dynasty
Height: 91cm   Length: 225cm
Width: 53cm
Qing Court collection

案面兩端翹頭，側沿打窪。牙條、牙
頭一木連做，牙頭透雕夔鳳紋，牙條
與腿夾頭榫結構。兩側腿間嵌縧環
板，透雕夔鳳紋。方直腿，正面雕雙

皮條綫，足立於托泥上，托泥下開小
壺門。

據此案登記檔案，為重華宮之物。

131

櫸木條案
明
高80 厘米　長224 厘米　寬74 厘米
清宮舊藏

Beechwood table with flat ends
Ming Dynasty
Height: 80cm　Length: 224cm
Width: 74cm
Qing Court collection

案面平頭，直牙條，牙頭較小，與腿　此案造型簡潔、輕巧，用材方圓結
夾頭榫結構。兩側腿間施方形羅鍋　合，頗具觀賞性。
棖。直腿略向外撇，側腳收分，腿中
心雕一燈草綫。

132

紫檀條案
明
高85 厘米　長233 厘米　寬93 厘米

Red sandalwood table with flat ends
Ming Dynasty
Height: 85cm　Length: 233cm
Width: 93cm

案面側沿起綫。直牙條與腿夾頭榫結構。四直腿混面雙邊綫。兩側腿間裝兩層豎棖一根橫棖，下承托泥。案面、牙子和腿均可開合。

此案形體寬大，案面四條大邊寬度達16 厘米。紫檀木材難得，似此大料，實屬罕見。

133

黑漆嵌螺鈿花蝶紋翹頭案
明
高82厘米　長260厘米　寬56.5厘米

Black lacquered table with up-turned ends, decorated with inlaid mother-of-pearl flower and butterfly patterns
Ming Dynasty
Height: 82cm　Length: 260cm
Width: 56.5cm

案面兩端翹頭，牙頭鏟出如意雲頭紋。四腿粗壯，略向外撇，側腳收分。案面正中嵌螺鈿菱形開光，兩側六角開光，內嵌螺鈿牡丹、蝴蝶。面沿、牙板、腿足均嵌硬螺鈿折枝花卉。

此類嵌硬螺鈿家具，漆灰較厚，屬漆工藝中的大漆螺鈿做法，係明代山西風格作品。

134

紅漆描金長方案
明
高78.5厘米　長126厘米　寬88厘米
清宮舊藏

Rectangular, red lacquered table with gold tracery
Ming Dynasty
Height: 78.5cm　Length: 126cm
Width: 88cm
Qing Court collection

案面側沿處起兩條陽綫。壺門式牙，插肩榫結構，壺門牙和腿部邊緣起陽綫。兩側腿間裝雙橫棖，側腳收分明顯。劍式腿，柄式足。案面描金雲龍紋，但因年久，除案面及邊沿部分留有紅漆描金雲龍紋外，其他地方紋飾均已變黑難辨。

135

黃花梨雙螭紋翹頭案

明
高86厘米　長147.5厘米　寬44厘米
清宮舊藏

Huanghuali[1] wood table with up-turned
ends, decorated with a double hornless
dragon pattern
Ming Dynasty
Height: 86cm　Length: 147.5cm
Width: 44cm
Qing Court collection

案面兩端翹頭，牙條與牙頭一木連
做，牙頭雕象鼻紋。四腿素混面，兩
側腿間鑲檔板，透雕雙螭紋，一條大
螭在上，一條小螭在下，寓意"教子
升天"。足下承托泥。

136

紫檀靈芝紋几形畫案
明
高84 厘米 長171 厘米 寬74.4 厘米

Red sandalwood, wasp-waisted low
painting table, decorated with a lingzhi[10]
pattern
Ming Dynasty
Height: 84cm   Length: 171cm
Width: 74.4cm

案有束腰，腿足向外彎後又向內兜
轉，與鼓腿彭牙式相仿。兩側足下有
托泥相連，托泥中部向上翻出靈芝紋
雲頭。除桌面外通體雕飾靈芝紋。

此案造型上吸收了帶捲書的几形結
構，在畫案中較為罕見。刀法精緻，
雕飾繁複。所用紫檀大料，十分難
得，為著名的傳世紫檀大器。

137

花梨雲龍紋條案
明
高89.5厘米　長359厘米　寬48厘米
清宮舊藏

Long, narrow, rosewood table, decorated
with carved dragon patterns
Ming Dynasty
Height: 89.5cm　Length: 359cm
Width: 48cm
Qing Court collection

案面平直狹長，腿與案面夾頭榫相
接。直牙條，兩端雕出雲形牙頭，上
雕雲龍紋。兩側腿間安橫棖，鑲裝兩
塊縧環板，上層雕雲紋開光，下層透
雕雲龍紋。方直腿，腿中間起皮條
綫，足下承托泥。

此案體形碩大，雕工精美，為一件難
得大器。

138

黃花梨捲草紋翹頭案
明
高94 厘米 長252 厘米 寬42.5 厘米

**Long, narrow, Huanghuali[1] wood table
with up-turned ends, decorated with
scrolled grass patterns**
Ming Dynasty
Height: 94cm   Length: 252cm
Width: 42.5cm

案面兩端翹頭雕花紋,帶束腰,直牙
條上雕迴紋,牙頭雕捲雲紋,牙條與
腿夾頭榫結構。腿與檔板一木連做,
透雕捲草紋,腿下承須彌式托泥。案
面與腿足可開合。

此案雕刻繁複精美,特別是腿與檔板
連做並滿飾雕刻,在明代家具中不多
見。

139

花梨夔鳳紋條案
明
高84厘米　長168.5厘米　寬51.5厘米

Long, narrow, rosewood table, decorated
with Kui⁴-phoenix carvings
Ming Dynasty
Height: 84cm　Length: 168.5cm
Width: 51.5cm

案面冰盤沿下起陽綫。牙條、牙頭一
木連做，牙頭透雕夔鳳紋，與牙條邊
緣陽綫相接。夾頭榫結構。兩側腿間
裝圓材雙橫棖。

此案結構綫條簡潔，使牙條裝飾更顯
突出，具空靈、秀麗之感。

黃花梨夔龍紋翹頭案
明
高81.5 厘米 長244 厘米 寬46 厘米

Long, narrow, Huanghuali[1] wood table
with up-turned ends, decorated with
Kui[4]-dragon carvings
Ming Dynasty
Height: 81.5cm   Length: 244cm
Width: 46cm

案面兩端翹頭，牙條、牙頭一木連
做，牙頭鎪成捲雲形，邊緣凸起陽
綫。兩側腿間鑲裝檔板，透雕夔龍
紋，紋飾邊緣均起陽綫，腿外雙混面
雙邊綫。直腿，足下有托泥。

141

鐵梨象紋翹頭案

明

高89 厘米 長343.5　厘米 寬50 厘米

Tielimu[9] wood table with up-turned ends,
decorated with a elephant pattern

Ming Dynasty
Height: 89cm　Length: 343.5cm
Width: 50cm

案面用約近10 厘米厚的獨板製成，翹頭與案面兩端堵頭係一木連做，足見此料之大。為減輕器身重量，案裏鏟挖出凹進的圓穹。牙條貫通兩腿，夾頭榫結構。牙頭做出雲紋曲邊，雕象紋，象鼻微捲，兩象合起來，又似下捲的雲紋。案腿素混面，落在托泥上。腿間上部有橫棖，正中檔板用厚材鏤雕居中垂掛的大朵雲頭，四角鑲雲紋角牙。

此案凝重雄偉，氣度非凡。最為難得的是案裏正中有刀刻"崇禎庚辰仲冬製於康署"字樣，可知此案產自廣東德慶縣，款應為主人購置此案時的紀念款，對研究明代廣式家具有重要價值。

142

雞翅木夔龍紋條案
清早期
高90 厘米 長271 厘米 寬53.5 厘米

Jichimu[7] wood table, decorated with
Kui[4]-dragon carvings
Early Qing Dynasty
Height: 90cm   Length: 271cm
Width: 53.5cm

案面沿中間挖槽，上下打窪。直牙條，雕夔龍紋，牙頭鏟成花牙，與牙堵交圈。牙條與腿夾頭榫結構。兩側腿間安管腳棖，鑲裝縧環板，鏤雕夔龍紋。腿正面做混面壓邊綫，側腳收分。撇足。

143

黑漆嵌螺鈿花蝶紋條案
清康熙
高82厘米　長160厘米　寬58厘米

Black lacquered table, decorated with
inlaid mother-of-pearl flower and
butterfly patterns
Kangxi Period, Qing Dynasty
Height: 82cm　Length: 160cm
Width: 58cm

案面下鑲直牙條及牙頭，兩側腿間裝
雙橫棖，圓直腿，側腳收分，黃銅套
足。案面長方形開光，內嵌螺鈿山
石、牡丹、蝴蝶，四周嵌開光花卉
紋，間飾錦地。牙板、足、棖均散嵌

折枝花卉。紅色漆裏，中帶上刻"大
清康熙甲寅年製"款。

此案紋飾生動飽滿，蚌色豔麗，為嵌
螺鈿大件家具中的罕見之物。

144

填漆戧金雲龍紋條案

清早期
高86 厘米　長180 厘米　寬49 厘米
清宮舊藏

**Old-fashioned table, decorated with
dragon and cloud patterns inlaid with
lacquer and gold**

Early Qing Dynasty
Height: 86cm　Length: 180cm
Width: 49cm
Qing Court collection

案面下牙條、牙頭一木連做，牙頭鎪
成雲形。兩側腿間裝橫棖，上部鑲十
字形開光縧環板，下嵌魚肚形圈口。
直腿，側腳收分，足下承托泥。案
面、腿部、托泥飾戧金雲龍紋，面
沿、牙板、棖等處飾花卉紋。

此案據紋飾風格，原為明代所製，漆
面損壞後清代重新加工。

145

紫檀條案
清早期
高84 厘米 長106.5 厘米 寬38.5 厘米
清宮舊藏

Long, narrow red sandalwood table
Early Qing Dynasty
Height: 84cm   Length: 106.5cm
Width: 38.5cm
Qing Court collection

案面冰盤沿下部起兩層綫，壺門式牙，插肩榫結構。腿部、牙頭、壺門邊緣起陽綫。兩側腿間裝雙橫棖。劍式腿，中雕一柱香陽綫，陽綫向兩邊微微凸起。捲雲翻花足。

據此案登記檔案，為景陽宮之物。景陽宮為清代后妃居所。

146

黃花梨夔龍紋捲書案
清早期
高97 厘米 長145 厘米 寬41 厘米

Long, narrow, Huanghuali[1] wood table
with up-turned ends, decorated with
Kui[4]-dragon carvings
Early Qing Dynasty
Height: 97cm   Length: 145cm
Width: 41cm

案面兩端捲書式翹頭。牙條與牙頭一木連做，雕夔龍紋，邊緣起陽綫。腿上端雕小迴紋，與腿邊緣陽綫相連。

兩側腿間施橫棖，鑲裝縧環板，透雕夔龍紋，橫棖下裝平素牙子。方腿直足。

147

鐵梨纏枝牡丹紋捲書案
清早期
高84 厘米 長144.5 厘米 寬30 厘米
清宮舊藏

Long, narrow Tielimu[9] wood table with
turned in feet, decorated with peony
spray patterns
Early Qing Dynasty
Height: 84cm   Length: 144.5cm
Width: 30cm
Qing Court collection

案用三塊整板製成。案面沿及板足立
面起陽綫框，內雕纏枝牡丹紋。板足
開光，透雕纏枝牡丹紋，捲書式足。

此案為一對，木質紋理清晰自然，雕
刻精美，為清早期製明式風格家具的
精品。

黃花梨炕几
明
高48厘米　長100厘米　寬52厘米
清宮舊藏

Huanghuali[1] wood, short-legged kang[11]
table
Ming Dynasty
Height: 48cm　Length: 100cm
Width: 52cm
Qing Court collection

几面攢框做，邊抹冰盤沿綫腳。帶高束腰，安一暗抽屜。壺門式牙子，邊緣起陽綫。直腿，內翻馬蹄。

此几原為高桌，因一腿傷損後截腿為几，抽屜亦為後來改製。故宮現存一桌與此几樣式相同。

149

紫檀小炕桌
明
高26 厘米 長78.5 厘米 寬45.5 厘米
清宮舊藏

**Small, red sandalwood, short-legged
kang[11] table**
Ming Dynasty
Height: 26cm   Length: 78.5cm
Width: 45.5cm
Qing Court collection

桌面攢框做，冰盤沿下有束腰。垂魚
肚牙條，邊沿起陽綫，與腿足外陽綫
相連。四腿為鼓腿彭牙式，足端削成
內翻馬蹄。

炕桌為在炕或牀上使用的小桌。

150

黃花梨銅包角炕桌
明
高40.5厘米　長159厘米　寬89厘米
清宮舊藏

**Huanghuali[1] wood kang[11] table with
copper corner sheathings**
Ming Dynasty
Height: 40.5cm　Length: 159cm
Width: 89cm
Qing Court collection

桌面四邊起攔水綫，四角有銅包角。
帶高束腰，四角露出桌腿上截，兩側
飾陽綫，托腮下挑沿。壺門式牙及桌
腿內側鎪出花牙，內側邊緣起陽綫相
連。三彎腿，方斗足下踩承珠。

此桌用材精美，各部做工亦極精緻。

151

黃花梨炕桌

明

高29.5厘米　長96厘米　寬64厘米

Huanghuali[1] wood kang[11] table

Ming Dynasty

Height: 29.5cm　Length: 96cm

Width: 64cm

桌面冰盤沿，中間打窪，帶束腰。壺
門牙子，兩端鎪成花牙，牙條邊綫與
腿部邊緣陽綫交圈。三彎腿，雕捲雲
紋馬蹄。

152

黃花梨夔龍紋炕桌
明
高28厘米　長82厘米　寬52厘米

Huanghuali[1] wood kang[11] table, deco-
rated with Kui[4]-dragon carvings
Ming Dynasty
Height: 28cm　Length: 82cm
Width: 52cm

桌面外側冰盤沿，束腰打窪。牙板滿雕紋飾，中間寶相花紋，兩邊夔龍紋，邊起陽綫與腿外側相連。鼓腿彭牙，腿牙掛肩榫相交，腿上肩處雕如意雲頭紋。內翻珠式足。

此桌腿足造型誇張，雕工精美，為同類器中少見。

黃花梨小炕案
明
高31.5厘米　長57厘米　寬39厘米

Small, Huanghuali[1] wood kang[11] table
Ming Dynasty
Height: 31.5cm　Length: 57cm
Width: 39cm

案面攢框做，牙頭與牙條一木連做，
牙頭較大，鏟出雲頭形花牙和捲花。
腿與牙夾頭榫結構，牙頭下裝圓材單
橫棖，在腿兩端出頭。四腿外撇，側
腳收分。結構、做工均顯質樸。

154

填漆戧金龍戲珠紋金包角宴桌
清早期
高33厘米　長112.5厘米　寬75.5厘米
清宮舊藏

Red lacquered dining table with gold corner sheathings, decorated with pictures of a dragon playing with a pearl, made from inlaid colored lacquer and gold
Early Qing Dynasty
Height: 33cm　Length: 112.5cm
Width: 75.5cm
Qing Court collection

桌面邊沿起攔水綫，四角以純金包角。高束腰，分段嵌繚環板。壺門式牙。三彎腿上部純金包角，馬蹄下踩承珠。桌面開光內套菱形開光，飾一大正龍戲珠紋、十字雲紋、海水江崖紋，四周菱形開光內飾龍戲珠紋，間飾錦地。束腰繚環板及腿牙處均飾龍戲珠紋。

此桌做工精緻，裝飾華麗，特別是以純金包角，金漆龍紋，具有鮮明的宮廷色彩。

155

紅漆填繪卍字雲蝠紋炕桌
清早期
高33厘米　長82厘米　寬61厘米
清宮舊藏

Red lacquered kang[11] table, decorated
with clouds, bats and swastika patterns
made with inlaid colored lacquer
Early Qing Dynasty
Height: 33cm　Length: 82cm
Width: 61cm
Qing Court collection

桌帶束腰，魚肚牙子，四腿作鼓腿彭
牙式，足端削成內翻馬蹄，落在托泥
上。桌面邊沿飾迴紋，面心夔龍紋開
光內繪纏枝芙蓉紋，點綴蝙蝠，正中
為卍字紋，開光外環飾雲蝠紋。束腰
飾忍冬紋，桌面冰盤沿及腿牙上飾纏
枝蓮紋，點綴蝙蝠，寓意"福富不到
頭"。

156

紅漆描金雙層面炕桌
清康熙
高27.5厘米　長118厘米　寬85厘米
清宮舊藏

**Red lacquered kang[11] table, decorated
with gold tracery patterns**
Kangxi Period, Qing Dynasty
Height: 27.5cm　Length: 118cm
Width: 85cm
Qing Court collection

桌四腿縮進安裝，案形結構。雙層桌
面，壺門式牙，牙與桌腿邊沿起陽
綫，兩側腿間裝橫棖，腿上部為螞蚱
腿式，雙翻方斗式足。上層桌面描金
雲龍紋。下層面開光內鏤有十五圓孔，
可置盤碗之用，孔間繪團萬字、雲紋，
四周菱形開光內繪龍戲珠紋，四角飾
團壽字、錢紋錦地。腿牙繪雙龍戲珠
間佈朵雲紋，邊緣陽綫罩金漆。

此桌紋飾精緻工整，做工考究，為仿
明式風格作品。

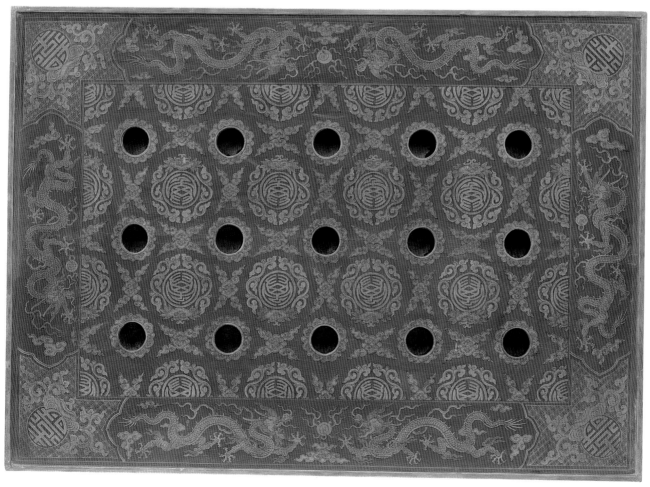

157

紫檀捲雲紋炕桌
清早期
高37.5 厘米 長108.5 厘米 寬70.5 厘米
清宮舊藏

**Red sandalwood kang[11] table, decorated
with cirrus cloud pattern carvings**
Early Qing Dynasty
Height: 37.5cm Length: 108.5cm
Width: 70.5cm
Qing Court collection

桌面冰盤沿下雕蓮瓣紋。打窪束腰，
托腮上雕連續如意雲頭紋。每面牙條
上雕四朵大捲雲紋，與牙邊、腿內側
邊相連凸起陽綫。鼓腿彭牙，內翻迴
紋馬蹄。

紫檀器多素面，似此桌雕刻繁多者少
見。

158

紫檀炕几
清早期
高34 厘米 長94.5 厘米 寬34.5 厘米
清宮舊藏

Red sandalwood kang[11] table
Early Qing Dynasty
Height: 34cm   Length: 94.5cm
Width: 34.5cm
Qing Court collection

案形結構。直牙條，牙頭鏤出如意雲頭紋，牙邊起陽綫。四腿以夾頭榫結構與牙條結合。兩側腿間裝橫棖，橫棖與案面間裝有圈口。圓腿直足。

炕几為在炕上或牀上使用的器具，多用來擺放物品。

159

紫檀小炕几
清早期
高32 厘米　長89.5　厘米　寬29 厘米
清宮舊藏

Small, red sandalwood kang[11] table
Early Qing Dynasty
Height: 32cm　Length: 89.5cm
Width: 29cm
Qing Court collection

案形結構，几面邊抹側沿為劈料做。
緊貼几面處做二劈料裹腿托帶，下有
裹腿羅鍋棖加矮老根子，中間加長方
圈口。四角另安矩形角牙與腿相交，
形成一腿三牙。四腿微外撇，成四劈
八叉式，腿面為芝麻梗式四劈料。

此几結構、做法均仿照竹藤製品，風
格獨特，為清代早期製明式家具精
品。

160

花梨小炕案
清早期
高37 厘米　長57 厘米　寬25 厘米
清宮舊藏

Small, rosewood kang[11] table
Early Qing Dynasty
Height: 37cm　Length: 57cm
Width: 25cm
Qing Court collection

案面四周起攔水綫，壺門式牙與腿交
圈，牙條與腿以插肩榫結構相接。兩
側腿間裝單橫棖，腿中部與橫棖連接
處飾雲紋翅。腿面正中起綫，俗稱
"劍脊棱"。足端削出雙翻馬蹄。

161

填漆戧金花卉紋炕案

清康熙

高39厘米　長160厘米　寬30厘米

清宮舊藏

Kang[11] table, decorated with floral designs made with inlaid colored lacquer and gold

Kangxi Period, Qing Dynasty

Height: 39cm　Length: 160cm

Width: 30cm

Qing Court collection

案面兩端鰍背圓翹頭，壺門式板腿。案面開光內雕填茶花、蝴蝶、洞石，紅色錢紋錦地；兩端雕填牡丹、葵花、荷花、茶花四季折枝花卉，紅卍字方格錦紋地。案邊沿板和腿部均戧金雙勾紅綫，填彩暗八仙紋，戧金填彩流雲，散佈折枝花卉紋。左右板腿

裏外均彩漆雕填串枝勾蓮紋。紅色漆裏，刻"大清康熙年製"楷書款。

此案有原貼"壽康宮在帳"字條，說明此物原陳設於皇太后、太妃居所的壽康宮，為康熙時宮廷製品。

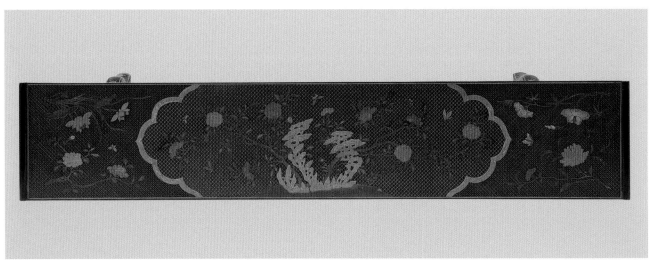

162

黑漆嵌螺鈿龍戲珠紋香几
明宣德
高82厘米　面徑38厘米
清宮舊藏

Black, lacquered censer table, decorated
with an inlaid mother-of-pearl picture of a
dragon playing with a pearl
Xuande Period, Ming Dynasty
Height: 82cm　Diameter of top: 38cm
Qing Court collection

海棠式几面，鶴腿象鼻式足，落在須
彌式几座上。几面彩繪嵌螺鈿龍戲珠
紋，四周飾折枝花卉紋。邊緣沿板均
開光，描彩折枝花卉紋。腿部嵌螺鈿
描彩龍戲珠紋，間佈折枝花卉。座面
開光繪魚藻折枝花紋。黑漆裏，一側
刀刻“大明宣德年製”款。

明代有室內焚香的習俗，香几為香爐
的承具。此器帶款，為明代早期漆家
具的代表之作。

剔紅孔雀牡丹紋香几

明宣德
高84厘米　面長43厘米　底長57厘米
清宮舊藏

**Red lacquered censer table, decorated
with peacock and peony carvings**
Xuande Period, Ming Dynasty
Height: 84cm　Diameter of top: 43cm
Diameter of base: 57cm
Qing Court collection

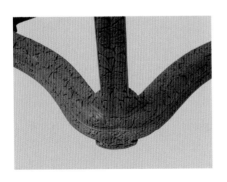

銀錠式几面，帶委角。束腰拱肩，沿
板四面開壺門。鶴腿蹼足，下踩托
泥。几面飾雙飛孔雀、牡丹、洞石，
凹心迴紋錦地邊。面沿、束腰、牙
子、腿足、托泥均滿飾剔紅串枝牡丹
花紋。黑素漆裹，刻"大明宣德年製"
款。

家具帶款識者不多見，明早期存世者
更為稀少，此几可作為鑒定時代的標
準器。

164

黃花梨荷葉式六足香几
明
高73厘米　長50.5厘米　寬39.5厘米

**Six-legged, Huanghuali[1] wood censer
table with lotus-leaf-shaped top**
Ming Dynasty
Height: 73cm　Length: 50.5cm
Width: 39.5cm

几面荷葉式。兩層高束腰，雙重縧環
板和托腮，分段鑲裝縧環板，上層透
雕捲草紋，下層開魚門洞。牙子分段
相接，雕成花葉形，覆蓋拱肩。三彎
腿，足端雕捲葉紋，下承圓珠，落在
荷葉式几座上。

此香几裝飾複雜，結構亦較特殊，與
同類器稍異。

165

紅漆嵌琺瑯面梅花式香几
明
高88厘米　面徑38.5厘米
清宮舊藏

Red, lacquered censer table, with an
enamel inlay picture of plum blossoms on
the top
Ming Dynasty
Height: 88cm　Diameter of top: 38.5cm
Qing Court collection

几面梅花瓣式，中心嵌琺瑯面心。高束腰上分段鑲裝縧環板，板上開長方形透光。帶托腮，壺門式牙子。三彎腿，中下部起雲紋翅。外翻如意雲頭足，雕捲草紋，下承圓珠，落在須彌式几座上。

166

紅漆嵌琺瑯面六足香几
明
高81厘米　面徑38厘米
清宮舊藏

**Six-legged, red, lacquered censer table
with cloisonné top**
Ming Dynasty
Height: 81cm　Diameter of top: 38cm
Qing Court collection

几面六瓣花式，嵌花卉紋掐絲琺瑯面心，周圍起攔水綫。束腰絛環板上開海棠式透光，下裝托腮。壺門式彭牙，三彎腿。外翻如意雲頭足，雕捲草紋，下承圓珠，落在須彌式几座上。

167

黄花梨方香几
明
高48厘米　長26厘米　寬26厘米
清宮舊藏

Square, Huanghuali[1] wood censer table
Ming Dynastyg
Height: 48cm   Length: 26cm
Width: 26cm
Qing Court collection

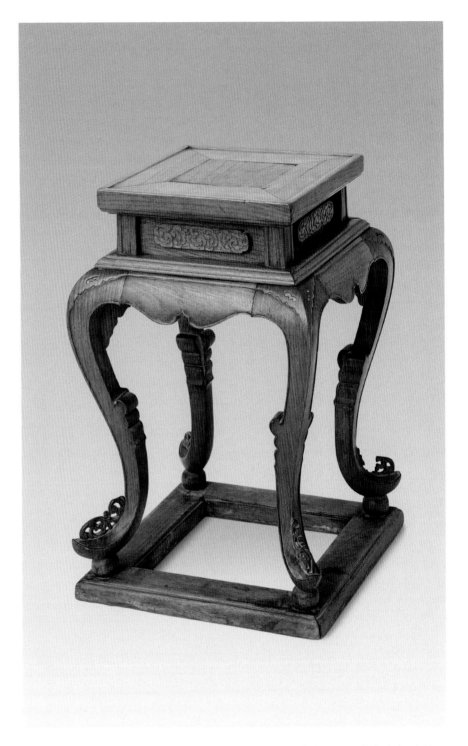

几面方形，四邊起攔水綫。高束腰，鑲裝縧環板，雕雲紋。壺門式牙子，牙沿起綫。三彎腿，腿自拱肩處雕捲葉花紋，順勢而下至足端，雕捲雲紋，下承圓珠，踩方形托泥。

此几造型別致，腿足處亦多加雕飾，但明式家具總體風格不失。

168

紫漆描金山水紋海棠式香几
清早期
高86厘米　長54厘米　寬44.5厘米
清宮舊藏

Purple, lacquered censer table in the
shape of a begonia plant, decorated with
gold tracery landscape scenes
Early Qing Dynasty
Height: 86cm　Length: 54cm
Width: 44.5cm
Qing Court collection

几面海棠式，高束腰，壺門式牙子，
牙頭鏇成捲雲形。三彎腿，足端上翻
雕鏤空花葉，下承圓珠，落在海棠式
須彌座上。几面紫漆描金山水紋，束

腰透雕捲草紋。几身描金蝙蝠、磬、
如意、迴紋及捲草紋。造型雖為明
式，紋飾題材已是清代風格。

169

黑漆描金圓香几
清早期
高83.5厘米　面徑38.5厘米
清宮舊藏

**Black lacquered round censer table,
decorated with gold tracery patterns**
Early Qing Dynasty
Height: 83.5cm
Diameter of top: 38.5cm
Qing Court collection

几面圓形，束腰透雕拐子紋，下襯托　　　外翻足，下承圓珠，踩環形托泥，帶
腮。披肩式牙子，鏟出如意雲頭形。　　雲紋龜腳。通體黑漆描金紋飾。
曲邊三彎腿，上部飾雲紋翅。捲葉紋

櫥櫃格箱

*Cabinets,
Shelving
and
Chests*

170

鐵梨四屜櫥
明
高87厘米　長174厘米　寬51.5厘米

Tielimu[9] wooden cabinet with four drawers
Ming Dynasty
Height: 87cm　Length: 174cm
Width: 51.5cm

案形結構，設抽屜四具，屜面上開光，雕折枝花及捲草紋。壺門牙雕捲草紋，腿與櫥面拐角處裝捲葉紋托角牙。腿間裝單橫根，四腿外撇，側腳收分。

此類櫥又稱抽屜桌，造型為典型的明式風格。

黃花梨聯三櫃櫥
明
高91厘米　長215.5厘米　寬60.5厘米

Huanghuali[1] wood cabinet with three drawers
Ming Dynasty
Height: 91cm　Length: 215.5cm
Width: 60.5cm

案形結構，櫥面兩頭翹起，面下兩端與櫥身相連部有花牙。櫥面下設三個抽屜，裝白銅拉手、插銷及鎖鼻。抽屜下為櫃，對開兩扇門，門旁有可裝卸的餘塞板。四腿外撇，側腳收分。

此櫃櫥具有桌案和櫃的兩種功能，既可儲物，又可作桌案使用。

172

填漆戧金雲龍紋立櫃
明萬曆
高174厘米　長124厘米　寬74.5厘米
清宮舊藏

Lacquered wooden cabinet, decorated
with dragon and cloud patterns made
with inlaid colored lacquer
Wanli Period, Ming Dynasty
Height: 174cm　Length: 124cm
Width: 74.5cm
Qing Court collection

櫃四面平式，對開兩扇門，門間有活
動立栓，銅碗式門合頁，櫃內設黑漆
擱板二層。櫃門上下均有菱花式開
光，上部戧金飾龍戲珠紋，填彩立
水，黑卍字紅方格錦紋地；四周和中
栓戧金填彩開光內飾朵花紋，下部開
光內飾鴛鴦戲水。櫃側戧金填彩雲龍

立水，開光填彩花卉邊沿。櫃後背上
部填彩戧金牡丹蝴蝶紋，下部填彩松
鹿、串枝牡丹紋。陰刻戧金"大明萬
曆丁未年製"楷書款。黑漆裏。

此櫃工藝精湛，為明代漆家具的代表
之作。

173

黑漆百寶嵌嬰戲圖立櫃
明
高186厘米　長126厘米　寬61厘米

Black lacquered wooden cabinet, inlaid
with gems and decorated with pictures of
children at play
Ming Dynasty
Height: 186cm　Length: 126cm
Width: 61cm

四面平式，對開兩扇門，鑿雙環式銅
合頁，壼門式下沿板。櫃內裝堂板，
抽屜兩個。雲紋銅套足。櫃門嵌色
石、螺鈿嬰戲圖，螺鈿錢紋錦邊框，
四周開光嵌色石、螺鈿花卉，間佈嵌
螺鈿錢紋錦地。下沿板嵌色石、螺鈿
雙夔龍。櫃兩側開光嵌彩石、螺鈿花

卉紋，四周開光繪花卉紋。櫃背黑
漆，紅漆櫃裏，抽屜黑漆彩繪折枝
花。

此櫃裝飾畫面生動，色調豐富，鑲嵌
工藝精巧，在現存明代漆器家具中罕
見。

174

黃花梨百寶嵌蕃人進寶圖頂豎櫃
明末清初
高272.5厘米　長187.5厘米　寬72.5厘米
清宮舊藏

Huanghuali[1] wood, two-sectioned
cabinet, inlaid with gems and decorated
with pictures of foreigners presenting
treasures to China

Late Ming – early Qing Dynasty
Height: 272.5cm　Length: 187.5cm
Width: 72.5cm
Qing Court collection

雜木為骨架，黃花梨木三面包鑲。分
為上下兩節。正面上下各裝四門，正
中可開，兩側可卸。櫃面用各色葉蠟
石、螺鈿等嵌出各式人物、異獸、山
石、花木，上層為歷史故事畫，下層
為《蕃人進寶圖》。

此類櫃又稱頂箱櫃，由底櫃和頂櫃組
成。成對擺設，又稱四件櫃。此櫃為
成對之一。所飾嵌件高於面板，具有
立體感。在黃花梨材上做鑲嵌裝飾，
較為少見。

175

黑漆描金山水圖頂箱立櫃
明
高207厘米　長120.5厘米　寬64.5厘米
清宮舊藏

Black lacquered, two-sectioned wooden cabinet, decorated with gold tracery landscape scenes
Ming Dynasty
Height: 207cm　Length: 120.5cm
Width: 64.5cm
Qing Court collection

分為兩部，上部頂箱，下部立櫃。
箱、櫃各對開兩扇門，門上有銅合
頁、鎖鼻和拉環。頂箱內分二層，立
櫃門內分三層。腿間有壺門牙板。頂
箱、立櫃門及牙板各繪描金漆樓閣山
水人物圖，邊沿繪折枝花卉紋。櫃側
面繪桂花、月季、洞石、蘭草。

據此櫃登記檔案，為四執事庫之物。
四執事庫為清宮北五所之一，收藏皇
帝御用冠袍、帶履及寢宮帳幄。

176

填漆戧金雙龍獻寶紋立櫃

明

高158厘米　長92厘米　寬60厘米

清宮舊藏

Red lacquered wooden closet, decorated with pictures of twin dragons presenting treasure made with inlaid colored lacquer and gold

Ming Dynasty
Height: 158cm　Length: 92cm
Width: 60cm
Qing Court collection

四面平式，對開兩扇門，中間有立柱，下接裙板，直腿間鑲拱式牙條。櫃內裝堂板。黃銅素面合葉，包銅套足。櫃門各雕填紫漆地戧金升龍，二龍高舉聚寶盆，下部立水，紅卍字黑方格錦紋地。四周和中栓戧金雕填串枝蓮紋。裙板雕填戧金雙龍戲珠紋。櫃側雕填戧金正龍，下部戧金填彩立水，滿佈紅卍字黑方格錦紋地，圍以

戧金填漆串枝勾蓮紋邊飾。櫃背黑漆地，上部描金加彩"海屋添籌圖"，下部金彩花鳥。櫃背上陰刻戧金"大明宣德甲戌年製"楷書款。

明代宣德年間無"甲戌"年，其漆色、紋飾以及櫃型亦不同於宣德時物，而與萬曆相似，故年款應為明萬曆時改刻。此櫃為成對之一。

177

黑漆描金龍戲珠紋藥櫃
明萬曆
高94.5厘米　長78.8厘米　寬57厘米
清宮舊藏

**Black lacquered drug cabinet, decorated
in gold tracery with a dragon playing
with a pearl pattern**
Wanli Period, Ming Dynasty
Height: 94.5cm　Length: 78.8cm
Width: 57cm
Qing Court collection

四面平式，櫃門下接三個明抽屜，腿間鑲拱式牙板。櫃內中心有八方轉動式抽屜，每面十個，兩邊又各有一行十個抽屜，每屜分為三格，共可盛藥品一百四十種。屜面上有塗金簽名，標明中藥名稱。櫃門、抽屜、足部都裝有黃銅飾件。正面兩門及兩側面上下描金菱花式開光內繪雙龍戲珠紋，

門裏繪花蝶圖。櫃背繪松、竹、梅三友圖。櫃背描金書"大明萬曆年製"款。

此櫃為成對之一，另一件現藏中國歷史博物館。為盛放藥材專用，做工極為精緻，為明代漆家具的精品。

178

黑漆地堆灰龍戲珠紋頂櫃
清早期
高90厘米　長92厘米　寬75.5厘米
清宮舊藏

**Black lacquered wooden cabinet,
decorated with a dragon playing with a
pearl embossed pattern**
Early Qing Dynasty
Height: 90cm　Length: 92cm
Width: 75.5cm
Qing Court collection

四面平式，對開兩扇門，門面堆灰菱花式開光，飾龍戲珠紋。櫃一側亦有菱花式開光，飾雙龍戲珠紋。

此櫃共計八隻，原為坤寧宮西炕兩側立櫃之頂櫃，每四隻重疊放在底櫃

上，直抵天花板，高達518.5厘米。乾隆年間底櫃因年久漆面破損而改作別用，只留頂櫃保存至今。坤寧宮明代時為皇后正宮，清代是帝后祭祀和大婚之所。

179

花梨櫃格
明
高204厘米　長92厘米　寬59.5厘米

Rosewood cabinet with open upper compartment
Ming Dynasty
Height: 204cm　Length: 92cm
Width: 59.5cm

上層格正面及左右開敞，裝三面券口牙，雕雙螭紋、迴紋，邊起陽綫，券口下透雕螭紋欄杆。下部櫃門為落堂踩鼓式，有白銅合頁及面葉。櫃下壺門牙雕捲草紋。

櫃格的特點是上格下櫃，上格用於陳放古器，下櫃用於儲物，為書房、客廳的必備家具。

180

黃花梨雙層櫃格
明
高117厘米　長119厘米　寬50厘米

Huanghuali[1] wood cabinet with two
shelves above
Ming Dynasty
Height: 117cm　Length: 119cm
Width: 50cm

上部為四面空敞的雙層亮格，裝三面
壺門式券口。格下平列抽屜三具。下
部櫃對開門，內設屜板，上釘兩枚銅
鈕頭，櫃門關合後，鈕頭穿過櫃門的
大邊及銅面葉露出，可以穿釘加鎖。

此櫃銅飾件多臥槽平鑲，即依飾件的
外形及厚度，將家具表面鏟剔成槽，
飾件鑲釘在槽內，使飾件表面與家具
表面平齊。平鑲的銅飾件，平鑲的門
扇，使格櫃表面平齊、整潔。

181

黑漆櫃格
明末清初
高249.5厘米　長127.5厘米　寬64厘米
清宮舊藏

**Black, lacquered, open-style wooden
cabinet**
Late Ming – early Qing Dynasty
Height: 249.5cm　Length: 127.5cm
Width: 64cm
Qing Court collection

四框方材，中分三格，上部平設二抽
屜，下部設平屜一層。後背鑲板，左
右及正面開敞，只在上部兩側鑲以十
字連方欄格。腿間安直牙條，銅套
足。通體髹黑漆。

182

紫檀櫃格
清早期
高254厘米　長119厘米　寬49厘米
清宮舊藏

Red sandalwood cabinet with open upper compartments
Early Qing Dynasty
Height: 254cm　Length: 119cm
Width: 49cm
Qing Court collection

上部格分為上下兩節，上節為兩正方形格，下節四個長方形格，格間有立柱，無擋板，每格均裝魚肚形圈口。格下為櫃，對開門，裝光素門心板，櫃中間有立栓，銅質合頁、拉手。底

根下有窪堂肚式牙板，雕迴紋。方腿直足。

此櫃格為一對。

183

黃花梨櫃格
清早期
高200厘米　長106厘米　寬51厘米
清宮舊藏

**Huanghuali[1] wood cabinet with open
upper compartment**
Early Qing Dynasty
Height: 200cm　Length: 106cm
Width: 51cm
Qing Court collection

上部格三面開敞，四邊雕玉寶珠牙子圈口。下部櫃對開門，平素面櫃門。櫃內中部有兩抽屜，屜面中心配銅拉環。兩腿間安直牙條，方腿直足。

此櫃格造型質樸，幾無雕飾，因而更顯出黃花梨材質之美。

217

紅漆描金山水圖格
明
高211厘米　長192.5厘米　寬48.5厘米
清宮舊藏

**Red lacquered shelving, decorated with
gold tracery landscape pictures**
Ming Dynasty
Height: 211cm　Length: 192.5cm
Width: 48.5cm
Qing Court collection

格以三塊厚板分成四層，正面全敞，
格下直牙條，鼓腿彭牙矮足。格邊框
及格板框均描金繪山水人物圖。

此格所繪山水圖景致優美，人物眾
多，各具姿態，畫筆極工，為一件難
得的漆家具精品。

185

紫檀欞格架格

明

高191厘米　長101厘米　寬51厘米

Red sandalwood shelving, decorated with latticework

Ming Dynasty
Height: 191cm　Length: 101cm
Width: 51cm

整體均為紫檀木製，惟後背正中直貫
三層的板條為黃花梨木。四面平式，
分三層，正面開敞，三面鑲攢接欞
格。腿足外圓內方。

此格的欞格紋樣是從所謂"風車式"變
化而出，於欹斜中見齊整，簡潔中見
精緻，有通透、空靈之感。

186

黑漆灑螺鈿描金龍戲珠紋書格
明萬曆
高173厘米　長157厘米　寬63厘米
清宮舊藏

Black lacquered bookshelf, decorated with gold tracery pictures of dragons playing with pearls, and sprinkled with mother-of-pearl dust
Wanli Period, Ming Dynasty
Height: 173cm　Length: 157cm
Width: 63cm
Qing Court collection

格分三層，後有背板，兩側面各層均裝壺門形券口牙，腿間鑲拱式牙條，黃銅足套。架內背板正面每層均描金雙龍戲珠紋，間以朵雲立水。邊框開光描金趕珠龍，間以花方格錦紋地。屜板描金流雲，兩側壺門牙上描金串枝勾蓮紋。背板背面分別繪月季、

桃、石榴三層花鳥圖，第一層上方刻"大明萬曆年製"填金款。

此格係宮廷藏書之用。運用灑螺鈿加金銀箔、描金等工藝，為明代漆家具精品。

187

黑漆嵌螺鈿山水花卉紋書架
清康熙
高223厘米　長114厘米　寬57.5厘米
清宮舊藏

A pair of black, lacquered bookshelves, decorated with landscape and flower patterns made with inlaid mother-of-pearl
Kangxi Period, Qing Dynasty
Height: 223cm　Length: 114cm
Width: 57.5cm
Qing Court collection

四面開敞，腿間安仰荷葉拱牙，黃銅套足。框架邊滿飾以五色薄螺鈿和金銀片托嵌成錦地開光，內嵌螺鈿山水、人物、花果草蟲等圖案。中間一層底面中帶上刻"大清康熙癸丑年製"款。

此格為一對，做工精細，特別是所嵌螺鈿、金銀片極薄，在狹小的面積上做出如此豐富的圖案，體現出極高的工藝技巧。

188

黑漆嵌螺鈿花蝶紋格
清康熙
高213厘米　長114.5厘米　寬57厘米
清宮舊藏

Black lacquered shelving, decorated with
flowers and butterflies patterns made
with inlaid mother-of-pearl
Kangxi Period, Qing Dynasty
Height: 213cm　Length: 114.5cm
Width: 57cm
Qing Court collection

通體用方材。共分四層，第一層分兩面開敞及三面開敞的兩個格間，中有立牆相隔，一層格下懸一抽屜。第二層四面全敞，格板上有一紅漆描金拐角几。第三層兩側開敞，前後兩面裝帶捲曲紋的直根。第四層是四面全敞的亮格，每面均裝捲珠紋券口。方腿間以直牙條相連，雲紋牙頭；四足端銅包角。邊框嵌螺鈿花蝶、山水紋。

此格係清代初期專為存放古董之用，相當於清中期以後的博古架。設計、裝飾上的繁複，已具清式規模。

189

洪武實錄金櫃
明早期
高130厘米　長136厘米　寬77.5厘米

Nanmu[5] wood, copper sheathed cabinet,
used for storing historical records of the
Ming emperor, Hongwu's reign
Early Ming Dynasty
Height: 130cm　Length: 136cm
Width: 77.5cm

櫃楠木製，外包銅皮。正面有銅鎖
鼻，兩側安銅拉手。底裝座台，底邊
鏤出壺門式曲邊。櫃頂飾一條正龍及
雲紋，櫃正面為雙龍戲珠紋，間佈雲
紋，櫃上部蓋邊有二條雲龍，餘三面
均飾雲紋。

此櫃原為皇史宬存放明代洪武實錄之
櫃，保存如此完整的明代早期家具，
殊為罕見。

190

黑漆描金龍戲珠紋箱
明
高46厘米　長152厘米　寬98厘米
清宮舊藏

Black lacquered wooden chest, decorated with gold tracery patterns of dragon playing with a pearl
Ming Dynasty
Height: 46cm　Length: 152cm
Width: 98cm
Qing Court collection

箱蓋上有銅鎖鼻，兩側安銅提環。底裝座台，下有壼門。蓋及四面立牆描金海水江崖紋，上部為雙龍戲珠紋，間佈雲水紋。

據此箱登記檔案，為四執事庫之物。

231

191

紫檀龍戲珠紋箱

明

高32.5厘米　長85.5厘米　寬62.5厘米

Red sandalwood chest, decorated with carvings of a dragon playing with a pearl

Ming Dynasty

Height: 32.5cm　　Length: 85.5cm
Width: 62.5cm

上開蓋，正面有圓形面葉及拍子，兩側安銅提環。箱體正面陰刻海水江崖、雙龍戲珠紋，間佈朵雲紋。兩側陰刻博古紋、花卉紋。

此箱蓋與箱體的合口處內有子口，外有凸綫，為明式箱匣常見做法。惟在紫檀材上陰刻紋飾，不多見。

192

黑漆嵌螺鈿描金平脫龍戲珠紋箱
明萬曆
高81.5厘米　長66.5厘米　寬66.5厘米
清宮舊藏

Black lacquered wooden box, decorated with dragon patterns made from inlaid mother-of-pearl and gold paint
Wanli Period, Ming Dynasty
Height: 81.5cm　Length: 66.5cm
Width: 66.5cm
Qing Court collection

上開蓋，下設平屜。前臉安插門，內裝抽屜五具，平屜內有銷，直抵插門上邊。蓋正面有銅扣吊，可以上鎖。扣吊兩旁及體兩側配桃形銅護葉，兩側箱壁中部安銅提環。上蓋及四面飾龍戲珠紋，一條龍用銅片以平脫手法嵌成，一條為嵌螺鈿，龍髮、龍角、龍脊均用銀片嵌成，間佈描金銀雲

紋。插門內以描彩漆飾雙龍紋。黑素漆裏，蓋內正中，描金"大明萬曆年製"楷書款。

此箱為一對，皇帝巡狩時存貯衣物的用具。運用了鑲嵌、描金、平脫等多種工藝，為明代漆工藝的集大成之作。

193

黃花梨官皮箱
明
高38厘米　長37厘米　寬26.5厘米

Huanghuali[1] wood chest
Ming Dynasty
Height: 38cm　Length: 37cm
Width: 26.5cm

箱上蓋內為一方形淺屜。正面對開門，內分三層，設抽屜五具。箱蓋、門上安銅飾件，箱體兩側裝銅提手。下有座台，底邊鏤出壺門式曲邊。

此箱為官員出行時盛物之具，明代使用廣泛。

194

紅漆描金雲龍紋箱
清康熙
高117.5厘米　長73.5厘米　寬57.5厘米
清宮舊藏

**Red lacquered wooden box, decorated
with gold tracery dragon and cloud
patterns**
Kangxi Period, Qing Dynasty
Height: 117.5cm　Length: 73.5cm
Width: 57.5cm
Qing Court collection

箱正面蓋上有鎖鼻，兩側安提環，箱
底部有兩穿孔，便於穿繩抬動。底座
帶束腰，鼓腿彭牙，內翻馬蹄踩托
泥。通體用兩種金加黑勾紋理飾海水
江崖及雲龍紋。

此箱雲龍紋風格和漆色，均具清康熙
時期特點。做工精細，紋飾流暢，在
清早期漆家具中具有代表性。

195

填漆戧金龍戲珠紋十屜櫃
清早期
高56厘米　長52.5厘米　寬42厘米
清宮舊藏

Black lacquered wooden cabinet with ten drawers, decorated with pictures of dragons playing with pearls made from inlaid colored lacquer and gold
Early Qing Dynasty
Height: 56cm　Length: 52.5cm
Width: 42cm
Qing Court collection

正面原為對開兩扇門，早年缺損一門，門上有銅飾件，櫃兩側安銅提環。門內平設十個抽屜。底承雲頭形足。通體戧金雙龍戲珠紋，下部為海水江崖紋，間佈朵雲。抽屜面上填漆描金斜卍字錦紋地。

屏風及其他

Screens and Others

196

黑漆百寶嵌小插屏
明
高20.5厘米　長23厘米　寬11厘米

**Black lacquered table screen, decorated
with inlaid jewels**
Ming Dynasty
Height: 20.5cm　Length: 23cm
Width: 11cm

屏心一面以螺鈿、象牙、玉石、瑪瑙
等鑲嵌成佛手、菊花、紅葉；另一面
為剔紅開光花鳥紋，錦紋地。屏與座
一木連做，明式抱鼓墩及站牙。黑漆
邊座。

197

紅漆雕麟鳳紋插屏
明
高62厘米　長58厘米　寬27厘米

Red lacquered table screen, decorated with carvings of unicorns and phoenixes
Ming Dynasty
Height: 62cm　　Length: 58cm
Width: 27cm

屏心雕麒麟、翔鳳，四周襯以松竹、花草、山石，天有紅日，地陳雜寶。邊框縧環板開光內雕花卉紋。邊鑲七塊十字型開光縧環板。梯形座墩，逐階而上，座墩間安橫棖，雲紋披水牙。

此類小屏為觀賞之用，不具實用價值，是書房的案頭清供。

198

黃花梨仕女觀寶圖屏風
明
高245.5厘米　長150厘米　寬78厘米
清宮舊藏

Huanghuali[1] wood screen, decorated
with a picture of graceful women looking
over their treasures
Ming Dynasty
Height: 245.5cm　Length: 150cm
Width: 78cm
Qing Court collection

屏心可裝卸，上繪玻璃油畫《仕女觀
寶圖》，為清乾隆以後配。用邊抹作
大框，中以子框隔出屏心，四周鑲透
雕螭紋縧環板。底座用兩塊厚木雕抱
鼓墩，上樹立柱，以站牙抵夾。兩立
柱間安橫根兩根，短柱中分，兩旁裝

透雕螭紋縧環板。根下安八字形披水
牙，上雕螭紋。

此屏風為一對。體形較大，雕工精
美，既可實用，又可作藝術陳設。

199

黑漆款彩百鳥朝鳳圖八扇圍屏
清早期
高218.5厘米　長351厘米

Black lacquered, eight-leaf, folding
wooden screen, decorated with a multi-
colored carving of a hundred birds paying
homage to the phoenix
Early Qing Dynasty
Height: 218.5cm　Length: 351cm

屏分八扇，有掛鈎連接。屏心一面為
通景《百鳥朝鳳圖》，圖中以一凰一鳳
為中心，百鳥圍繞四周，襯以奇花異
木，樹石流水。另一面為《狩獵圖》，
雕刻遠山近水、樹石花草及人馬、旗
幟、營寨等，四周以花卉和菱紋開光

圈邊，開光內刻螭虎靈芝紋，開光外
雕刻博古及花卉。

此屏紋飾內容豐富，刻畫精細入微，
色彩明快豔麗。款彩是清早期漆家具
中常見工藝。

200

黑漆嵌螺鈿竹梅紋插屏
清早期
高57厘米　長63厘米　寬29厘米
清宮舊藏

Black lacquered table screen, with carvings of bamboo and plum blossom enhanced with inlaid bamboo and mother-of-pearl
Early Qing Dynasty
Height: 57cm　Length: 63cm
Width: 29cm
Qing Court collection

屏心兩面裝飾，一面嵌木雕梅樹、竹枝，嵌螺鈿梅花；另一面嵌竹雕朱色竹枝。框與座一體連做，花邊站牙，橫梁下長條透孔，正中上翻雲頭，抵住上梁，披水牙中心垂窪堂肚。框、座黑漆地灑螺鈿裝飾。

201

黑漆灑螺鈿百寶嵌石榴紋插屏
清早期
高42厘米　長36厘米　寬18厘米

Black lacquered table screen, sprinkled with mother-of-pearl dust, featuring a picture of a pomegranate tree made from inlaid gems
Early Qing Dynasty
Height: 42cm　　Length: 36cm
Width: 18cm

屏心黑漆地，用椰殼嵌石榴枝幹，彩石嵌葉，螺鈿嵌石榴果及花朵。站牙起花邊，屏心下鑲縧環板，長圓形開光，雙捲頭底座。框、座黑漆地灑螺鈿裝飾。

202

黃花梨龍鳳紋五屏式鏡台

明

高77厘米　長49.5厘米　寬35厘米

Huanghuali[1] wood dressing table,
decorated with a small five-leaf screen
embellished with a dragon and phoenix
pattern

Ming Dynasty
Height: 77cm　Length: 49.5cm
Width: 35cm

台座上安五扇小屏風成扇形，中扇最
高，兩側漸低，並依次向前兜轉。屏
風上鑲縧環板，透雕龍鳳紋、纏枝蓮
紋；上搭腦均高挑出頭，圓雕龍頭。
台面四周有望柱欄杆，鑲透雕龍紋縧
環板。台座對開門，內設抽屜三具。
兩腿間有壼門式牙板。

鏡台為臥室用具，使用時，銅鏡斜靠
在小屏風上，下部有台前的門欄相
抵。此鏡台為明代現存最精美者，故
宮僅此一件。

203

黃花梨龍首衣架

明

高188厘米　長191.5厘米　寬57厘米

Huanghuali[1] wood clothes rack

Ming Dynasty

Height: 188cm　Length: 191.5cm

Width: 57cm

搭腦兩端雕出鬚髮飄動的龍首，中牌子上分段嵌裝透雕螭紋縧環板。兩根立柱下端由透雕螭紋站牙抵夾，如意雲頭式抱鼓墩。中牌子下部和底墩間原有橫棖和檔板，現尚留有被封堵榫窩的痕跡。各部榫卯均為活榫，可拆裝。

衣架為臥室用具。古人慣穿長袍，脫下的袍服就搭在搭腦和中牌子的橫杆上。

黃花梨鏤雕捕魚圖樹圍
明
高94.4厘米　長109厘米　寬62.5厘米

Huanghuali[1] wood screen for protecting
trees, with carvings of fishermen on the
open latticework
Ming Dynasty
Height: 94.4cm　Length: 109cm
Width: 62.5cm

四面鏤空，每面分三層打槽裝板，上
層透雕葡萄紋；中間透雕《捕魚圖》，
刻畫漁夫搖櫓、撒網的生動情景；下
層為菱花式透櫺。兩腿間有雲頭形壺
門式牙板，方腿直足。

樹圍，又稱護樹圍子，為庭院中護花
木之用。此樹圍雕刻精美，為傳世孤
品。

Notes 註釋

1 Huanghuali 黃花梨
Huanghuali. Literally "yellow flowering pear", huanghuali wood (Dalbergia Odorfera) is a warm-colored, strong hardwood with an attractive grain, related to the rosewood family. Grown mostly on Hainan Island, it was used mostly for specially commissioned classical Chinese furniture because of its high cost.

2 Arhat 羅漢
Luo han. The name given by Buddhism to disciples or monks who have freed themselves from all desire and anger.

3 Ruyi 如意紋
The ruyi pattern, resembling a leaf or stylized cloud, appears as a motif in many forms of Chinese decorative art. The characters ru-yi carry the meaning, "May everything go as you wish it to".

4 Kui 夔
When used alone this term translates 拐子紋 (guai zi wen) literally "a cripple or lame person" pattern, an I-shaped reel pattern. Sometimes also used together with "dragon", 夔龍紋, (kui-dragon pattern). The kui-dragon has a turned-up snout, and is usually shown in profile with only one leg visible. It is found in the decoration of Chinese bronzes from the Shang dynasty, and became a popular motif on various types of archaistic wares. Also used together with "phoenix", 夔鳳紋, (kui-phoenix pattern).

5 Nanmu 楠木
Nanmu (cedar) is a silvery-brown softwood considered one of the best materials for furniture manufacture, because it does not warp or split, and can be sanded and polished to create a smooth, hard surface. The knot patterns in Nanmu are often used for decorating cabinet doors and table panels. More than thirty varieties of Nanmu are found in southern China and Vietnam.

6 Fahua 法華
Fahua, literally "regulated decoration", a style of stoneware or porcelain decoration resembling that of cloisonné metalwork.

7 Jichimu 雞翅木
Jichimu (chicken wing wood) An indigenous Hainan Island hardwood, with a jagged, feather-like patterned grain, ranging in color from brown to gray.

8 Wasp-waisted 細腰
Wasp-waisted: the indentation just below the top of a table, stool or bench.

9 Tielimu 鐵梨木
Tielimu (Mesua ferrea) trees grow to be the largest hardwood trees in China, and as such the timber was the least expensive for traditional furniture makers. It is often used for making large furniture items.

10 Lingzhi 靈芝
Lingzhi, a fungus (polyporous lucidus) associated with Daoism, which symbolizes immortality in Chinese art. Sometimes translated as "magical fungus". Used in Chinese medicine.

11 Kang 炕
Kang. The raised part of a room used as a bed, made of bricks and able to be heated.

附錄一

黃花梨木

黃花梨,學名海南降香黃檀,因其木屑可作香料,浸水飲用可治高血壓症,又名降香木、降壓木,廣東稱為香枝。屬豆科植物蝶形花亞科黃檀屬,是一種名貴樹材,主要產於中國海南省。木質顏色由淺黃到赤紫,色澤鮮艷,紋理清晰,明代考究的家具多用其製成。早期記載中多將黃花梨與草花梨混稱,其實兩者木質相差甚遠,不屬一個科屬。

紫檀木

紫檀,俗稱牛毛紋紫檀,為常綠大喬木,是世界上最珍貴的樹種之一,產於印度南部邁索樂邦。木質堅重細緻,入水即沉,色澤棕紫色,為優質家具材質。除此之外,紫檀屬木材眾多,一般被稱作草花梨,其色澤、紋理、硬度與上述紫檀木相距甚遠。

花梨木

花梨泛指各類紫檀屬的草花梨,與黃花梨不同屬。木質顏色呈淺黃色,色澤鮮艷,紋理清晰而有香味,是明清家具的主要材種。但其色澤紋理均不如黃花梨。

酸枝木

酸枝木又稱紅木,與黃花梨同屬豆科植物中的蝶形花亞科黃檀屬,主要有黑酸枝、紅酸枝和白酸枝,因其在加工時發出一股醋酸味,廣東多稱為酸枝,長江以北則稱作紅木。酸枝木中以黑酸枝最優,色澤由紫紅至紫褐或紫黑,木質堅硬,拋光效果好,極接近紫檀木,惟紋理較粗,不易辨認。紅酸枝顏色多為棗紅色,紋理順直。白酸枝顏色較淺,色澤接近草花梨。

紅木

紅木即酸枝木,因其色紅,中國北方習慣稱之。清代嘉慶、道光以後多以其製作家具。

鐵梨木

鐵梨又稱鐵力、鐵慄,為常綠大喬木,產於中國廣東、廣西等地。其樹幹直立,高可十餘丈,直徑達丈許。木質堅而沉重,心材淡紅色,髓綫細美,用其製作家具,經久耐用。因鐵梨木為硬木樹種中最高大的一種,故多用其製作大件器物。

雞翅木

雞翅木又作鸂鶒木、杞梓木，清代屈大均《廣東新語》中稱作海南文木。為崖豆屬和鐵刀木屬樹種，產於中國的廣東、廣西、雲南、福建以及東南亞、南亞、非洲等地。其木質有的白質黑章，有的色分黃紫，斜鋸木紋呈細花雲狀，酷似雞翅膀。特別是縱切面，木紋纖細浮動，變化無窮，自然形成山水、人物圖案。子為紅豆，又稱相思子，可作首飾，因此又有相思木、紅豆木之稱。

緬紅木

緬紅木，學名緬紅漆，俗稱緬甸紅木，產於馬來西亞、印度尼西亞、緬甸、泰國等地。樹可採漆。其木心、邊材區別明顯，心材色紅，遇空氣後逐漸變深，呈紫褐色。木質中至細，可供上等家具用材。

楠木

楠木又作枏木、枬木，主要產於中國四川、雲南、廣西、湖南、湖北等地。有香楠、金絲楠和水楠三種。香楠，木微紫而清香，紋理美。金絲楠出川澗中，木紋向明視之有金絲，至美者，可自然結成山水、人物之紋。水楠色清而木質甚鬆，用作明清家具木材的多為水楠。

櫸木

櫸木又作椐木、棋木，別稱大葉櫸、白櫸、面皮樹、紅株樹、紅櫸、黃櫸、石生樹等。屬榆科，落葉喬木，高數丈，在中國長江流域和南方各省都有生長，為珍貴木材。其材質堅致耐久，紋理美麗而有光澤，明清家具中使用極廣，也可供建築用材。

烏木

烏木又稱巫木，屬柿樹科，常綠大喬木，產於中國海南、雲南等地。其木堅實如鐵，老者純黑色，光亮如漆，可為器用。被譽為珍木。

癭木

癭木又稱影木，泛指樹木的根部和樹幹所生的癭瘤，或指這類木材的紋理特徵。有楠木癭、樺木癭、花梨木癭、榆木癭等。癭瘤本是樹木生病所致，因此數量稀少，大材難得，顯得更為珍貴，所以多被用作木器的鑲心面料，四周以其他木料包邊。

黃楊木

黃楊木為常綠灌木，主要產地為中國長江流域及以南地區。其木質堅致，色澤艷麗，佳者色如蛋黃，生長緩慢。因其難長，故無大料，多用作制梳、印章等，用於家具中則為鑲嵌、雕刻等裝飾材料，尤其是鑲嵌在紫檀等深色木器上，色彩對比強烈，異常美觀。

樟木

樟木為常綠喬木，產於中國長江流域及以南廣大地區。心材紅褐色，邊材灰褐色，肌理細而錯綜有紋，切面滑而有光澤。乾燥後不易變形，耐久性強，膠接性能良好，可以染色處理，油漆後色澤美麗，宜於雕刻。木氣芬烈，可以驅蚊蟲。多用於製作家具表面裝飾材料和箱、匣、櫃等存貯用具。

榆木

榆木屬榆科，落葉喬木，喜生寒地，主要產於中國華北、東北地區，高可達十丈。其紋理直，結構粗，材質略堅重，適宜製作家具。榆木家具多在北方製作和流行。

樺木

樺木屬樺科，落葉喬木，產於中國遼東和西北地區，高三四丈。分為兩種，一為白樺，呈黃白色，一為楓樺，淡紅褐色，木質略比白樺重。樺木木質略重且硬，有彈性，加工性能良好，切削面光滑，油漆性佳，適宜製作家具表裏材。老年樺樹易生瘤，根部解板，中有紋理，稱樺木影。

楸木

楸木為大戟科落葉喬木，主要產於中國東北等地。樹高三丈許，木質細緻，可供製器具之用。

核桃木

核桃木為落葉喬木，主要產於中國華北、西北、西南及長江流域，北方主產地為山西。其心、邊材區別明顯，心材紅褐色，邊材淺黃褐色或淺栗褐色。木質結構細有光澤，紋理直或斜，重量、硬度中等。木性穩定，加工容易，切削面光滑，為製作中檔家具的良材。明清兩代山西家具多用此木製作。

硬木

中國傳統習慣中將明清以來用於製作高檔家具的木材統稱為硬木，包括紫檀、花梨、黃花梨、酸枝、鐵梨、烏木、雞翅木、癭木等。櫸木、樺木、榆木等被稱為硬雜木，籠統說，也屬硬木。

柴木

柴木是指硬木以外可做家具的木材。

1. 架子牀

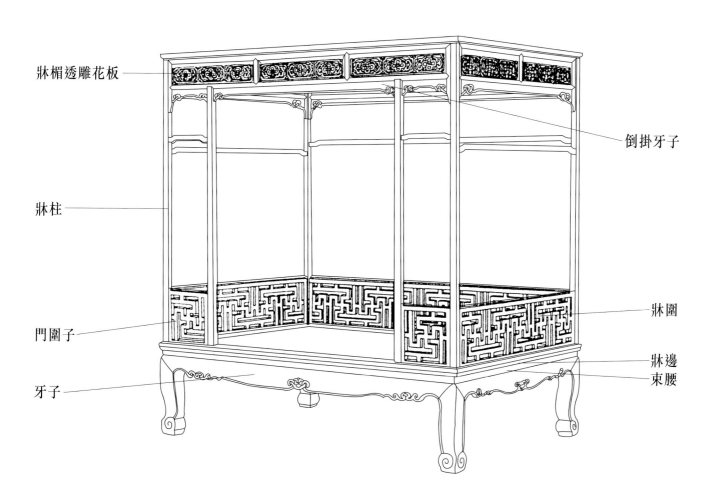

牀楣透雕花板

倒掛牙子

牀柱

門圍子

牙子

牀圍

牀邊

束腰

2. 交椅

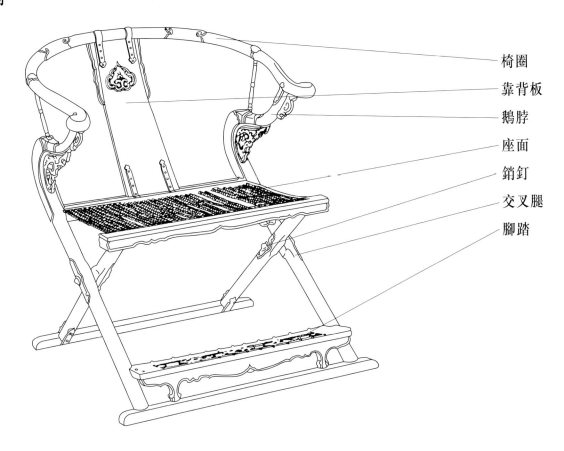

椅圈

靠背板

鵝脖

座面

銷釘

交叉腿

腳踏

3. 南官帽椅

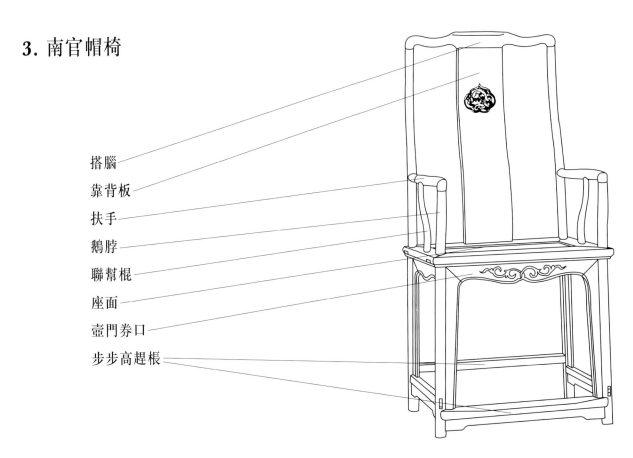

搭腦

靠背板

扶手

鵝脖

聯幫棍

座面

壺門券口

步步高趕棖

4. 方凳

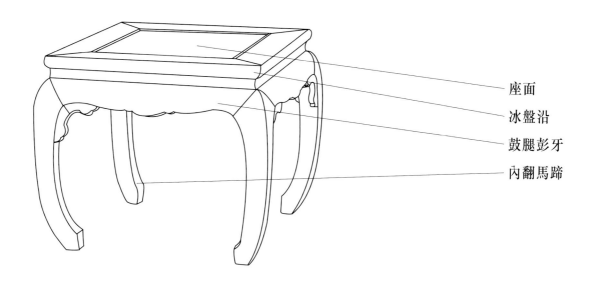

座面

冰盤沿

鼓腿彭牙

內翻馬蹄

5. 方桌

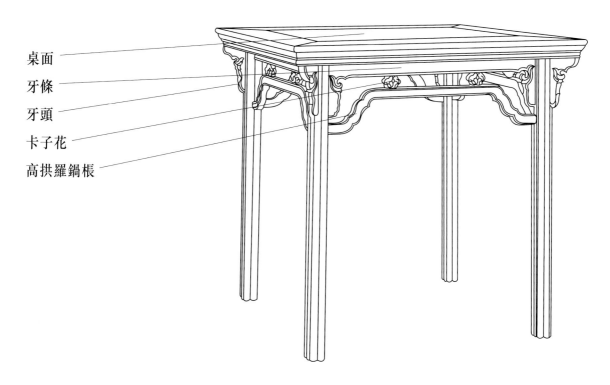

桌面

牙條

牙頭

卡子花

高拱羅鍋棖

6. 小條桌

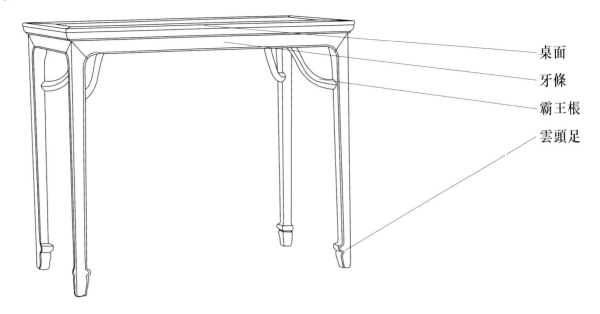

桌面

牙條

霸王根

雲頭足

7. 宴桌

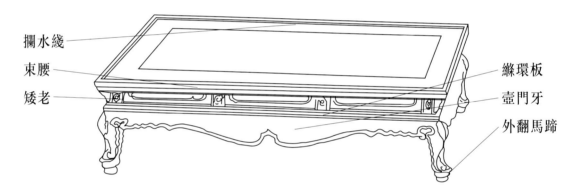

攔水綫

束腰

矮老

絛環板

壼門牙

外翻馬蹄

8. 櫥

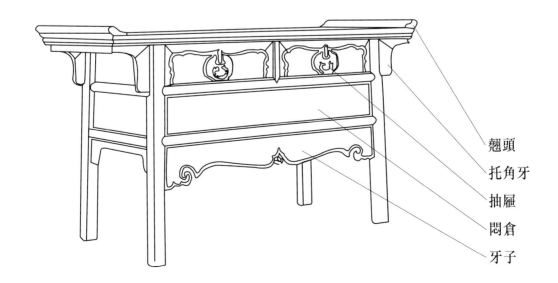

翹頭

托角牙

抽屜

悶倉

牙子

9. 櫃

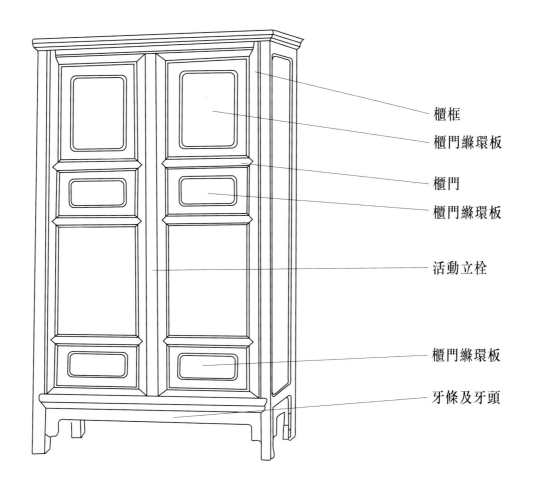

櫃框

櫃門縧環板

櫃門

櫃門縧環板

活動立栓

櫃門縧環板

牙條及牙頭

10. 插屏

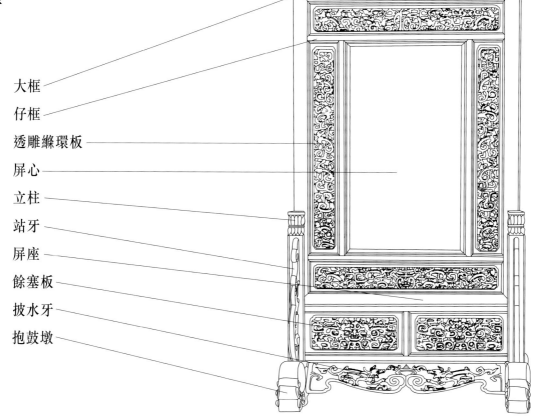

大框

仔框

透雕縧環板

屏心

立柱

站牙

屏座

餘塞板

披水牙

抱鼓墩

附錄三

1. 插肩榫

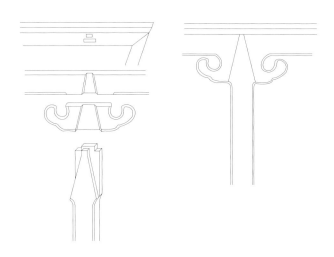

2. 格肩榫

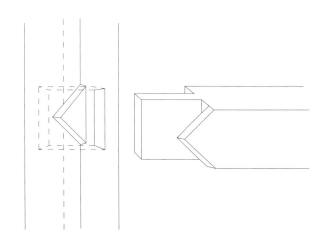

3. 抱肩榫

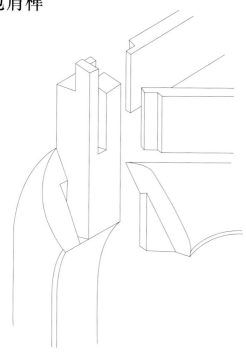

4. 挖煙袋鍋榫

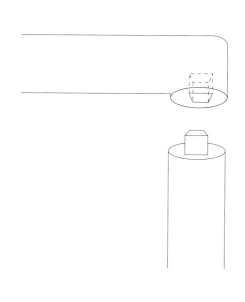

5. 攢邊作法

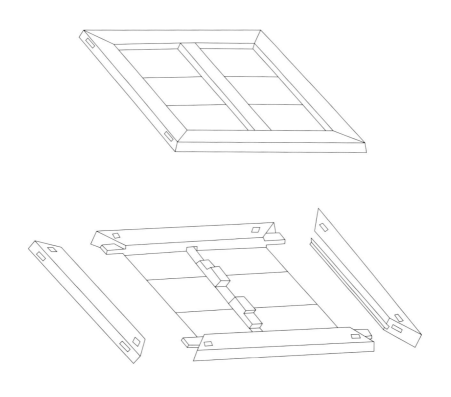

6. 粽角榫

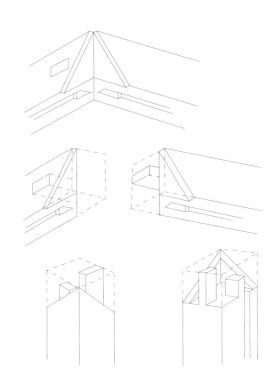

7. 霸王棖使用示意圖

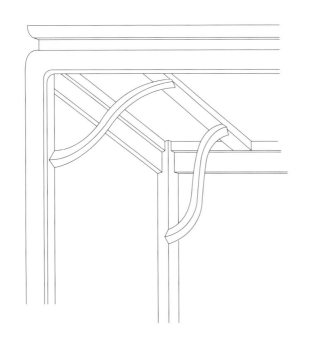

8. 夾頭榫

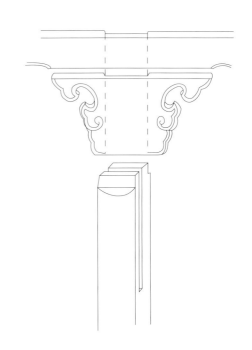

附錄四

1. 桌腿面雙素混面

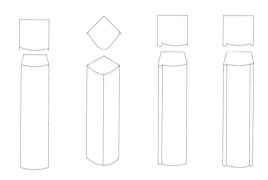

2. 混面單邊綫

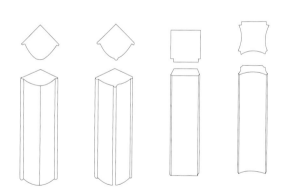

3. 混面雙邊綫

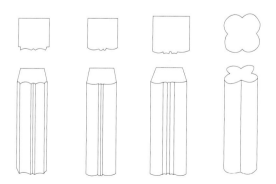